Ernst Dümmler

Auxilius und Vulgarius

Quellen und Forschungen zur Geschichte des Papstthums im Anfange des zehnten

Jahrhunderts

Ernst Dümmler

Auxilius und Vulgarius
Quellen und Forschungen zur Geschichte des Papstthums im Anfange des zehnten Jahrhunderts

ISBN/EAN: 9783742899330

Hergestellt in Europa, USA, Kanada, Australien, Japan

Cover: Foto ©Lupo / pixelio.de

Manufactured and distributed by brebook publishing software
(www.brebook.com)

Ernst Dümmler

Auxilius und Vulgarius

AUXILIUS UND VULGARIUS

QUELLEN UND FORSCHUNGEN

ZUR GESCHICHTE DES PAPSTTHUMS

IM

ANFANGE DES ZEHNTEN JAHRHUNDERTS

VON

ERNST DÜMMLER

LEIPZIG

VERLAG VON S. HIRZEL

1866

VORWORT

Der Stoff der nachfolgenden Blätter ist zum grössten Theile aus einer bisher nicht genügend beachteten Bamberger Handschrift geschöpft, welche der Verfasser durch die dankenswerthe Gewogenheit der hohen Ministerien des Kultus und der auswärtigen Angelegenheiten in Berlin sowie der königlich bairischen Behörden längere Zeit in seiner Wohnung benutzen durfte. Es sind daraus zwei ungedruckte Streitschriften nebst einigen Bruchstücken mitgetheilt, die neues Material für die Geschichte des Papstes Formosus und der merkwürdigen Streitigkeiten über die Geltung der von ihm ertheilten Weihen darbieten. Eine Anzahl von Briefen und Gedichten sehr barbarischen Gepräges aus derselben Quelle, doch nur in Auswahl aufgenommen, gewährt uns einen lehrreichen Einblick in den gesunkenen Kulturzustand des unteren Italiens zu Anfang des zehnten Jahrhunderts.

In den diesen neuen Quellen zur Erläuterung vorangeschickten Abhandlungen habe ich zuerst den geschichtlichen Thatbestand, der jenen Irrungen zu Grunde liegt, kurz zusammengefasst, dann die einzelnen Punkte der auf

Formosus bezüglichen Frage erörtert, so weit dies möglich
ist, ohne Theologe oder Kanonist von Fach zu sein, endlich
wird von den Lebensumständen und Werken der beiden
Autoren obiger Schriftstücke, des Auxilius und Eugenius Vulgarius, des näheren gehandelt. Sind es auch nur einzelne
Schlaglichter, die aus diesen Forschungen in das tiefe Dunkel
jener Zeiten fallen, so ist doch bei so dürftiger Ueberlieferung selbst der kleinste Zuwachs unserer Kenntnisse vielleicht nicht ganz unwillkommen.

Halle, 20. November 1865.

E. L. Dümmler.

I.

PAPST FORMOSUS UND DIE AUF IHN BEZÜGLICHEN SYNODEN.

Zu den schwärzesten Abschnitten in der Geschichte der Nachfolger Petri zählt man mit Recht den Anfang des zehnten Jahrhunderts, als einen der Zeiträume, in denen die Vermessenheit besonders deutlich hervortrat, die darin lag, einem einzelnen Menschen gleichsam göttliche Autorität und Unfehlbarkeit zuzuschreiben. Die Heillosigkeit der römischen Zustände in dieser Periode, das Getriebe roher Leidenschaften um den apostolischen Stuhl würde uns allerdings vielleicht nicht ganz so grell und mindestens verständlicher erscheinen, wenn nicht für einige Jahrzehnte die Geschichtsschreibung ihren Griffel fast gänzlich niedergelegt hätte. Unter den dräuenden Gefahren von aussen, der allgemeinen Auflösung im Innern verstummte in diesen Tagen in Italien sowohl wie in Frankreich und Deutschland jede gleichzeitige zusammenhängende Aufzeichnung der Ereignisse und am allerwenigsten mochte man in Rom an eine solche denken.[1] Da über das sittenlose Treiben daselbst unter Sergius III und seinen Nachfolgern erst viel später Liudprand ausführlichere Kunde gab, dem man Schmähsucht nicht ganz ohne Ursache vorwerfen konnte, so fiel es den Anwälten päpstlicher Heiligkeit nicht schwer, einige von den Flecken des sogenannten Hurenregimentes abzuwaschen, indem sie den Bischof von Cremona der Verleumdung ziehen. Unsere Aufgabe ist es

---

(1) Mit Stephan VI († 891) schliesst der liber pontificalis, in welchem jedoch vorher schon drei Päpste fehlen. Der Bibliothekar Anastasius und der Diakonus Johannes, der auf den Wunsch Johanns VIII das Leben Auxilius und Vulgarius.

Gregors des Gr. beschrieb, sind für lange Zeit die letzten Schriftsteller, die sich in Rom der Geschichtschreibung widmeten: ihnen folgte eine tiefe literarische Verfinsterung und Barbarei.

nicht, hier auf die Haltbarkeit ihrer Entlastungsbeweise näher ein-
zugehen, die, wenn sie auch in dem Gemälde Lindprands manche
unrichtige Linie aufgezeigt haben mögen, doch die Wahrheit seiner
Färbung im Ganzen mussten bestehen lassen, vielmehr haben wir
es mit Thatsachen zu thun, die einem andern Gebiete angehörig,
dennoch nicht minder als jene Ausschweifungen uns in einen Ab-
grund der ärgsten sittlichen Verwilderung blicken lassen, ich meine
den langwierigen Streit um die Rechtmässigkeit des Papstes Formosus und die Giltigkeit der von ihm ertheilten Weihen, für welchen aus neuen Quellen geschöpft werden soll. Nicht Ueberliefe-
rungen von zweideutigem Werthe, nur wohlbeglaubigte Zeugnisse
sind es, worauf unsere Kenntnis dieser Vorgänge gründet.

Formosus, der ebenso wie Hatto von Mainz und andere her-
vorragende Männer seiner Zeit unter den Mitlebenden leider keinen
Geschichtschreiber gefunden hat, gehört durch die wunderbaren
Wechselfälle, die sein Leben darbot, sowie durch den seltenen Un-
stern, der über seinen Thaten und seinem Andenken waltete, unzweifelhaft zu den merkwürdigsten Erscheinungen des ausgehenden
neunten Jahrhunderts. Geboren [1] um das Jahr 816 folgte er durch
die Bestimmung des grossen Papstes Nikolaus wahrscheinlich 864
dem unwürdigen, wegen seiner Käuflichkeit abgesetzten Bischof
Rhadoald von Porto im Amte nach. [2] Als zwei Jahre später der
Bulgarenfürst Bogoris oder Michael, selbst bereits getauft, für sein
Volk sich Missionäre vom römischen Stuhle ausbat, wurde mit dieser wichtigen Sendung Formosus nebst dem Bischofe von Populonia
betraut. [3] Die reichen Früchte, welche die Predigt der beiden
Glaubensboten in kurzer Zeit trug, riefen einerseits einen erbitterten
Angriff des griechischen Patriarchen Photius gegen sie und ihre
Kirche hervor, auf der andern Seite wurde in Bogoris dadurch der
lebhafte Wunsch erweckt, Formosus als Erzbischof dauernd an die

---

(1) Nach Eugenius Vulgarius war er
bei seinem Tode (896) ein octogenarius
(Mabillon anal. vet. p. 30). Auf römische Abkunft weist besonders die
Invectiva hin (p. LXX): patronum
tuum Formosum papam in tuo ab ipsis
cunabulis educatum gremio; quem ab
infantia lacte nutristi, cibo solido
pauisti, litteris imbuisti ete. (2) Die
Absetzung Rhadoalds erfolgte 863 s.
Koepke de vita et scriptis Liudprandi
p. 77 n. 3, Dümmler Gesch. des Ostfränk. Reiches I, 510, 512. Invect. in
Rom. p. LXXII: Nicolaus consecrauit
Formosum ad episcopum sciens eum
doctorem egregium. (3) Eb.; Vita
Nicolai, Hadriani p. 421. 426 ed. Bianchini. Anastasii praefatio in synod.

Spitze der bulgarischen Christenheit gestellt zu sehen.¹ Nach der Behauptung der Gegner soll Formosus aus Ehrsucht den Fürsten mit den furchtbarsten Schwüren verpflichtet haben, Niemand anders denn ihn zum Metropoliten seines Volkes anzunehmen. Wie dem auch sein mag, die Versagung jenes Antrages durch Nikolaus, der es für unerlaubt erklärte, dass ein Bischof die ihm anvertraute Herde verliesse,² scheint zu dem Abfalle Michaels von der römischen zur griechischen Kirche einigermassen mitgewirkt zu haben.

Zunächst erwuchs Formosus aus seinem Auftreten in Bulgarien jedenfalls kein Vorwurf, vielmehr der höchste Ruhm,³ denn er genoss unter Hadrian II des gleichen Vertrauens, wie unter dessen Vorgänger: von seiner Missionsreise kürzlich erst heimgekehrt, weihte er bei Anwesenheit des Philosophen Konstantin, der gleich ihm die christliche Lehre im Osten verbreitet hatte, mehrere von dessen slavischen Gefährten in Gemeinschaft mit dem Bischofe von Velletri zu Priestern.⁴ Im J. 869 sollte er mit einem andern Bischofe in der Angelegenheit Lothars II als Legat nach Gallien gehen, als der plötzliche Tod des Königs diese Sendung überflüssig machte.⁵ Mit Gauderich von Velletri wirkte er sodann im Mai 872 zu Trient als päpstlicher Bevollmächtigter bei den wichtigen Unterhandlungen zwischen Ludwig dem Deutschen und der Kaiserin Engelberga über die italienische Thronfolge mit.⁶ Dieselbe Stellung wie bisher nahm Formosus auch im Anfange der Regierung Johanns VIII ein, der ihn nach einer allerdings unsicheren Nachricht im J. 875 sogar in das westfränkische Reich entsandt haben soll, um Karl den Kahlen nach Rom einzuladen.⁷ Gleich darauf

---

octavam (Mansi coll. conc. XVI, 11), Flodoard. de Rom. pontifc. (Muratori scr. rer. It IIIᵇ, 317) vgl. meine Ostfränk. Gesch. I. 631 flg.
(1) Eb. I, 636, 695.   (2) Vita Nicolai p. 422 ed. Bianchini: quia ipsum Formosum plebem dimittere sibi creditam non oporteret episcopum. Auch Michaels zweiter Antrag, der auf den Diakonus Marinus (den späteren Papst) gerichtet war, wurde abgeschlagen.   (3) Invect. in Rom. p. LXX: ad paganissimam praedicandam gentem misisti, remeantem quoque gaudio suscepisti; p. LXXII: ad moenia tua

cum crucis est triumpho reuersus. (4) Vita S. Constantini c. 17: Post haec iussit papa duos episcopos Firmosum et Goidricum sanctificare solenniter discipulos Slovenicos et quando consecrati sunt etc. vgl. Ostfr. Gesch. I, 700.   (5) Formosus wohnte der röm. Synode Anf. Juni 869 bei (Mansi XVI, 125), Hincmari ann. 869 (Scr. I. 482). (6) Leg. I, 518; Ostfr. Gesch. I, 778. (7) Synod. Pontigon. c. 1 (Leg. I, 534): Obeunte Illudouuico .. domnus Iohannes ter beatissimus papa per Gadericum Veliternensem, Formosum Portuensem. Iohannem Aretinum uenerabiles epi-

1*

trat jedoch die entscheidende Wendung seiner Geschicke, der Um-
schwung seines bisherigen Glückes ein. Zu Weihnachten 875 hatte Johann die Krönung seines Schütz-
lings Karl zum römischen Kaiser vollzogen, am 19. April 876 ver-
hängte er auf einer Synode in der Kirche S. Maria ad Martyres
nach wiederholten Vorladungen Amtsentsetzung und Exkommunikation über den Bischof Formosus und seine Mitschuldigen, mehrere
Männer aus dem vornehmsten Kreise Roms, indem er jenem für
seine reuige Unterwerfung eine letzte Frist bis zum 9. Mai gewährte.[1] Die Verurtheilten hatten bereits alle vor dem ergrimmten
Papste, von dem sie sich des Schlimmsten versahen, die Flucht
ergriffen und heimlich die Stadt verlassen. Abgesehen von einer
Reihe schändlicher Verbrechen, die Johann nur den Genossen des
Formosus vorwarf, lag der Kern seiner Beschuldigungen gegen
diesen darin, dass er in Rom eine förmliche Verschwörung gegen
Kaiser und Papst zum Zwecke seiner eigenen Einsetzung auf den
päpstlichen Stuhl angezettelt habe, wie er ihm auch vorher schon
Umtriebe gegen Karl den Kahlen Schuld gab. Ueber die Richtig-
keit dieser Anklagen, welche durch keine unparteiische Unter-
suchung erhärtet wurden, lässt sich ein sicheres Urtheil nicht mehr
gewinnen. Befremdlich sind die Beschuldigungen Johanns in hohem
Masse dem Lobe gegenüber, welches sonst der Frömmigkeit und
Sittenstrenge des Bischofs Formosus ertheilt wird:[2] ein Mann wie
Hinkmar von Reims bewarb sich in Ausdrücken der grössten Hoch-
achtung sowohl um seine Freundschaft[3] wie um die seines Mit-

scopos domnum Karolum . . inuitauit.
Diese Angabe, die nur in den nicht
authentischen Kapiteln Odos von Beauvais enthalten ist, habe ich früher gelten lassen (Ostfränk. Gesch. I, 524. II,
28), indessen scheint mir jetzt doch
die Annahme Richters (De triplici Formosi damnatione p. 4 n. 10), dass hier
die Sendung Hadrians im J. 872 und
die Johanns von 875 (Johann v. Arezzo)
ungenau unter des letzteren Namen
zusammengefasst werden, keineswegs
unwahrscheinlich, zumal da Gauderich
beide male genannt wird.
(1) Schreiben Johanns an die fränk.
Bischöfe vom 21. Apr. 876 (Mansi XVII,

236, J.2270) vgl.Ostfr. Gesch.II,27. Von
der Benutzung der von Richter heraus-
gegebenen Synodalakten sehe ich jetzt
ab, weil ich sie für sehr zweifelhaft
halte; s. unter der Beschreibung der
Handschrift.   (2) V. Nicolai p. 421:
Paulum . . et Formosum Portuensem
magnae sanctitatis episcopos; Formosum uita et moribus episcopum, viele
Lobsprüche enthalten die Streitschriften.   (3) Flodoard. hist. Rem. eccl.
l. III c. 21: Formoso sedis eiusdem re-
ligioso episcopo collaudans eius, quam
audierat, sanctitatis et scientiae famam
quaerensque ipsius habere familiarita-
tem . . Item postquam literas suas idem

schuldigen, des Nomenklators Gregor.[1] Auch fand Formosus, als er sich fliehend in das westfränkische Reich begeben,[2] bei einem der ausgezeichnetsten Männer desselben, dem mächtigen Abte Hugo von Tours, bereitwillige Aufnahme. Der Verdacht liegt immerhin nahe, dass der Papst ihn nur als seinen persönlichen Gegner ansah und die angeblichen Ränke wider die Herrschaft Karls lediglich deshalb hinzusetzte, um in dem Kaiser ein näheres Interesse an der Sache zu erwecken.[3] Scheint doch auch der Vorwurf einer verrätherischen Verbindung mit den Saracenen nur darauf zu beruhen, dass die Verschworenen bei ihrer Flucht aus Rom fahrlässig ein Thor geöffnet liessen, welches jenen den Eingang verstattet hätte.

Nachdem auch die westfränkische Synode von Ponthion, im Juli 876 auf Verlangen des Papstes die in Rom gefällte Sentenz bestätigt hatte,[4] wurde an Stelle des abgesetzten Formosus Walbert, ein Günstling Johanns, zum Bischof von Porto geweiht.[5] Zum drittenmale wiederholte die Synode, die der Papst in eigener Person im August 878 zu Troyes eröffnete, den in Rom gegen Formosus geschleuderten Bannfluch.[6] Hier endlich stellte sich der verbannte Bischof, dessen Nachfolger Walbert an eben dieser Versammlung

Formosus ei remiserat, in quibus de caritate erga cum significauerat, intimat, quia magnam in ipso haberet fiduciam.
(1) Eb. III c. 21, 24 .. unde et petit, ut isdem Gregorius se inter fideles amicos suos tenere dignetur, vgl. ein früheres Schreiben Johanns an den Kaiser Ludwig II (Mansi XVII, 242, J. 2249): Gregorio dilecto filio nomenclatore misso et apocrisiario sanctae sedis nostrae cum Gregorio (corr. Georgio) illustri magistro militum ac uestiario sacri nostri patriarchii. Wenn Auxilius (in def. Form. I c. 4) Georg durch den Beinamen de Auentino auszeichnet, so erinnert dies an den Gregorium de Abentinum, welchen später P. Hadrian III blenden liess (Chronica S. Benedicti. Scr. III, 199). (2) Schreiben Johanns an Hugo (Mansi XVII, 223, J. 2397): inter haec ab omni te consortio Formosi anathematizati optamus, illi carissime, separare. (3) Wie weit

Formosus an den Vergehen der übrigen, zumal ihren Beraubungen Antheil gehabt, lässt der päpstliche Brief im Unklaren. Dass seine Gesinnungen sich, wie u. a. Gregorovius (Gesch. der Stadt Rom III. 193) meint, zur deutschen Partei neigten, bleibt sehr zweifelhaft, zumal da er doch gerade in Westfrancien eine Zuflucht suchte. (4) Hincmari ann. 876, Capitula ab Odone propos. c. 8 (Scr. I, 500. Leg. I, 535). (5) Zuerst am 14. Dez. 876, dann am 15. März 877 bediente sich Johann seiner zu wichtigen Sendungen (J. 2302, 2311), sowie später in der Kanzlei (Jaffé reg. pont. p. 261). (6) Hincmari ann. 878 (Scr. I, 506), Mansi XVII, 347, 349: et quia non desinunt inquietare aures regum ac principum et malis prioribus iuncti cum praedonibus et subuersoribus ecclesiarum noua et recentia mala addere quotidie student insolubiliter uinculo perpetuo .. damnamus.

theilnahm[1] und gegen ihn schürte, vor dem erzürnten Papste, um durch die tiefste Demütigung und völliges Eingeständnis seiner Schuld Begnadigung zu erlangen. Nur eine sehr unvollkommene trug er davon, denn er wurde zwar in den Schoss der Kirche wieder aufgenommen, doch als Laie unter Einbusse seiner geistlichen Würde, ferner musste er sich mit den feierlichsten Schwüren verpflichten, nie wieder, auch nur des Gebetes halber, nach Rom zu gehen, noch jemals Einsetzung in sein früheres Amt anzustreben.[2] Diese Härte beweist, dass der Papst in ihm, schwerlich ganz ohne Grund, einen gefährlichen Nebenbuhler fürchtete. In der That finden wir Formosus in Johanns Todesjahre (882) noch immer als Verbannten in Sens, wo er das Nonnenkloster der h. Columba mit römischen Reliquien beschenkte.[3]

Unter Marinus, Johanns Nachfolger, der von dem Bisthum Cäre in einer nach den bisher geltenden Anschauungen ungesetzlichen Weise zum päpstlichen Stuhle übergegangen war,[4] änderte sich das Loos des Formosus vollständig: er wurde nach Rom zurückgerufen, von seinem erzwungenen Eide losgesprochen und an Stelle Walberts 883 oder 884 in seine frühere Würde wieder eingesetzt.[5] Als Bischof von Porto weihte er im Sommer 885 den neuerwählten Papst Stephan VI[6], um nach dessen Tode im September 891 den apostolischen Stuhl endlich selbst zu besteigen. Auch

---

(1) Mansi XVII, 342, 356. app. 188.
(2) Diesen Eidschwur erwähnt Auxilius mehrmals in def. Form. I c. 4, Inf. et Def. c. 20, 32.   (3) Ann. S. Columbae Senonens. 882 (Scr. I, 103): 11 Non. Iul. susceptae sunt reliquiae ualde pretiosissimae in basilica S. Columbae uirginis .. attuiit uero easdem reliquias Roma ueniens quidam einis eiusdem urbis Formosus nomine episcopus Portuensis ecclesiae. Dem Kloster der h. Columba stand damals Welfo, ein naher Verwandter Hugos, vor. Entstellt ist die Angabe der Annalen in der Hist. Francor. Senonens. (Scr. IX, 365). (4) S. die Zeugnisse darüber in der Ostfränk. Gesch. II, 216; besonders die Invect. in Romam verbreitet sich ausführlich über diesen Punkt, den auch die beiden andern Schriften des Vulgarius hervorheben, Auxilius

stützt sich nirgends darauf; s. weiter unten.   (5) Die Herstellung in allen Streitschriften erwähnt z. B. Invect. p. LXX: sed ad tempus receptus et in pristinum gradum, a quo destitutus (nescimus zelo, an noxa fuerit) restitutus; p. LXXII: postmodum liuoris coeno ab urbe tua repulsus, deinde .. a Marino papa receptus et restitutus. Walberts Name erscheint zum letztenmale 12. Juni 883 (J. 2615). (6) Invect. in Rom. p. LXX: Stephano quoque papa Adriani filio, quem idem Formosus consecrauerat, uiam uniuersae terrae ingresso; p. LXXII: quem .. Formosus totius electione populi in sancta sede apostolica consecrauit; p. LXXIII: (Stephanus) a iamdicto Formoso in ordine uicis suae apostolicus consecratus est.

er also gieng, wie Marinus, von einem Bisthum zum andern über: nach heftigem Sträuben, wie einer seiner Anhänger[1] versichert, indem die römische Geistlichkeit und die Grossen ihn fast gewaltsam von dem Altare seiner Kirche rissen. Dass er in Rom noch einmal die Bischofsweihe empfieng, scheint eine Verleumdung der Gegner zu sein.[2]

In einem sehr ungünstigen Augenblicke gelangte Formosus auf den vielbegehrten Stuhl Petri. Das Ringen der Päpste, sich von der überwältigenden und drückenden Schirmherrschaft der fränkischen Kaiser zu befreien, hatte unter Nikolaus zu glänzendem Siege, zu einer fast schiedsrichterlichen Stellung über den Königen geführt. Da er zugleich die Selbständigkeit der gallischen Kirche brach, den anmassenden Patriarchen von Konstantinopel stürzte, so erscheint seine Regierung wie eine Vorahnung des höheren Aufschwunges, den die Hierarchie im eilften Jahrhundert nehmen sollte. Die Grundlage aber, auf der diese neue Machtstellung ruhte, war viel zu schwankend und unsicher, als dass dieselbe irgend von Bestand hätte sein können. Ein Papst, der zwischen den streifenden Muhammedanern auf der einen, dem gewaltthätigen römischen Adel und den Herzogen von Spoleto auf der andern Seite oft nicht einmal Schutz und Sicherheit für seine Person fand, konnte unmöglich mächtigen Königen Befehle ertheilen und in der sittlichen Verwilderung Italiens stumpften sich die geistlichen Waffen schnell genug ab. Schon Hadrian II tritt daher wohl mit den Ansprüchen, nicht aber mit den Erfolgen seines Vorgängers auf und Johann VIII, so klug, gewandt und rastlos er sich zeigt, versucht vergeblich der verhassten deutschen Linie den Weg zum Kaiserthrone zu ver-

---

(1) Eb. p. LXX: quo renuente et contradicente et ad altare se conplicante per uim eum cum palla, qua altare opertum erat, exinde abstraxerunt: quem obstantem et nequaquam inuitatui tuo adquiescentem ui ab altaris crepidine .. retractum et euulsum .. in sublimissima apostolicae sedis arce inthronizasti: p. LXXI: principes, falanges et satrapae tui, uulgus et scolae tuae ad maximum usque ad minimum cum elegerunt, acclamauerunt, laudauerunt et adorauerunt. (2) Auxi-

lii inf. et def. c. 26: Formosus quando accessit, ut papa efficeretur, manus impositionem ita sibi tribui praecepit, ac si episcopus non esset; c. 27 ied. Mabillon p. 49): Inf. Adhuc superstites sunt idonei testes, qui Formosum non rite inthronizatum fuisse, sed in eodem ordine. quem habebat, iterum sibi manus impositionem tribui fecisse testificantur; Invect. p. LXXI: episcopi eum sacro Lateranensi ordine eum inthronizauerunt.

sperren. Nicht minder muss er in Byzanz nachgeben, sein Leben
endet durch Mord. Von ihm an aber unter seinen kurz regieren-
den Nachfolgern sinkt in gleichem Masse der politische Einfluss
wie die geistige Bedeutung des päpstlichen Stuhles.

Die Lage der italischen Dinge versetzte bei der Auflösung des
Frankenreiches den Papst in nothgedrungene Abhängigkeit von den
in Roms Nachbarschaft mächtigen spoletinischen Herzogen: Stephan VI
musste Wido mit der Kaiserkrone schmücken. Desgleichen sah
Formosus sich genöthigt, dessen Sohn Lambert als Mitregenten des
Vaters zu krönen, so sehr auch seine Wünsche auf Herbeiziehung
eines fränkischen Herrschers gerichtet waren, um unter dessen
schirmender Hand die Würde und Unabhängigkeit seines Sitzes
wiederherzustellen. Endlich im J. 896 folgte Arnolf seiner wiederholten Einladung bis nach Rom und empfieng von ihm die Krone,
während Lambert sie noch trug.[1] Kurze Zeit aber, nachdem Formosus diesen alten Lieblingsplan verwirklicht, wurde er selbst
vom Tode hingerafft (4. April 896).

Formosus Wandel wird uns als ein durchaus reiner und keu-
scher geschildert, als ein Muster und Vorbild der Sittenstrenge bis
in das höchste Alter.[2] Seine Verdienste um die Erhaltung und
Ausschmückung der römischen Kirchen, namentlich St. Peters, werden gerühmt.[3] Seine persönliche Würdigkeit also, zumal im Ver-
gleiche mit manchen seiner Nachfolger unterliegt keinem Zweifel,
wie es auch feststeht, dass er während seiner Regierung volle und
ungetheilte Anerkennung fand.[4] Ohne grosse Zweideutigkeit freilich

(1) Dass die Krönung Arnolfs im
Februar stattfand und dass mithin der
von den Ann. Fuld. 896 als Todestag
des Formosus namhaft gemachte 4. Apr.
Anspruch auf Glaubwürdigkeit hat,
habe ich in meiner Ostfränk. Gesch.
II, 677 zu erweisen versucht.   (2)
Von späteren Zeugen sagt Flodoard
(de Roman. pontificib., Muratori scr.
III', 317): praesul hic egregius For-
mosus laudibus altis | euehitur, castus,
parcus sibi, largus egenis etc., Liudprand (antap. 1 c. 29): quaedam pars
non infima Formosum.. pro uera religione diuinarumque doctrinarum scientia papam sibi fieri anhelabat, vgl. c. 31.
Voll des Lobes sind die Streitschriften,

s. die Invect. p. LXX: clerum et populum tuum mira moderatione guber-
nauit; p. LXXII: uir sanctus et iustus atque catholicus; populi acclamatu
propter bonorum incrementa morum ad
summum pontificatus culmen fauorabiliter est prouectus, im übrigen vgl. Aux.
in def. Form. I c. 10, Vulgar. in def.
Form. p. 30, de causa Form. c. 11.   (3)
Invect. p. LXX: qui in apostolica sede
positus multa tibi bona contulit, ecclesias reaedificauit, exstruxit, aedifi-
cauit, compsit et ornauit; Benedicti
chron. c. 29 (Scr. III, 714): renouauit
Formosus papa aecclesia principis apostolorum Petri picture tota.   (4) Was
Liudprand (l. I c. 29) von einem Partei-

vermochte er sich zwischen den Deutschen und Spoletinern wohl
nicht zu behaupten: die gleichzeitige Krönung zweier Kaiser durch
seine Hand erscheint wie ein Vorspiel der unheilvollen Spaltungen,
welche gleich darauf das Papstthum heimsuchten. Der grösste Vorwurf, der Formosus Andenken trifft, ist jedoch der eines unlauteren
Ehrgeizes:¹ seine dem Herkommen zuwiderlaufende Wahl auf den
päpstlichen Stuhl gereicht den Anklagen Johanns VIII theilweise
zur Bekräftigung und wenn er sich von seinen Wählern wie mit
Gewalt zur Weihe schleppen liess, so war dies doch wohl Komödie.
Mit dem Ausgange des Formosus hebt ein neuer Abschnitt in
der Entwickelung des Papstthums an. Indem die kaiserliche Ein-
wirkung auf die Erhebung der Nachfolger Petri gänzlich fortfiel,
ward der päpstliche Stuhl der Preis erbitterter, oft blutiger Partei-
kämpfe. Nicht um Prinzipien, nur um die Interessen nebenbuhle-
rischer Familien handelte es sich in diesen Streitigkeiten, in denen
lediglich List oder Gewalt den Ausschlag gab. Von fremden Mäch-
ten hatten hiebei nur die benachbarten italienischen Fürsten ge-
legentlich die Hände im Spiele. Diese unleidlichen Zustände, die
eine völlige Verweltlichung des Papstthums zur nothwendigen Folge
hatten, dauern im Grunde von dem Tode des Formosus bis auf
das zwar willkürliche aber heilbringende Eingreifen Ottos des Grossen
und füllen genau den Zeitraum, da die deutschen Könige sich von
Italien gänzlich fernhielten. Die Abwesenheit der kaiserlichen Be-
vollmächtigten von der Wahl bezeichnete schon Johann IX ausdrücklich als Quelle der eingerissenen Unordnungen.²

kampfe bei der Wahl des Formosus
berichtet, beruht auf Verwechselung
mit späteren Vorfällen, die Worte Flo-
doards dagegen: tolerans discrimina
plurima, promptus | exemplum tribuens,
ut sint aduersa ferenda | et bene ui-
uenti metuenda incommoda nulla, scheinen mir auf die früheren Verfolgun-
gen des F. zu gehen. Wir dürfen
daher den Versicherungen der Streitschriften von der einhelligen Wahl
und allgemeinen Geltung des F. glau-
ben, z. B. Invect. p. LXX: cum uexillo
canticisque et hymnis praeconiisque
et laudibus.. inthronizasti, fouisti, ado-
rasti, iurasti, cuique benedixit, bene-
dixisti, et cui maledixit maledixisti.

(1) Massvoll urtheilt Auxilius (Inf.
et Def. c. 22 p. 47): Utrumnam humanae
laudis cupidus apostolicum thronum
conscenderit, incertum est ideoque solius dei iudicio relinquendum est; attamen uniuersa Romana ciuitas et omnes
circumpositae regiones praecipuae
sanctitatis eum fuisse commemorant,
exceptis admodum paucis. (2) Concil. Roman. c. 10 (Mansi XVIII, 225):
Quia sancta Romana ecclesia .. pluri-
mas patitur uiolentias pontifice obeunte, quae ob hoc inferuntur, quia
absque imperatoris notitia et suorum
legatorum praesentia, pontificis fit consecratio nec canonico ritu et consue-
tudine ab imperatore directi intersunt

Schon die Wahl des Papstes Bonifacius VI, der durch eine Volksbewegung erhoben nur fünfzehn Tage regierte, war eine bestrittene und ungesetzliche, weil er früher durch Synodalbeschluss der Priesterwürde entkleidet worden.[1] In Stephan folgte ein leidenschaftlicher Gegner des Formosus: von diesem geweiht soll er zuvor fünf Jahre lang Bischof von Anagni gewesen sein.[2] Nachdem in Italien jede Scheu vor dem schwer erkrankten Kaiser Arnolf geschwunden war und sein Nebenbuhler Lambert zu Anfang des Jahres 897 wiederum seinen Einzug in Rom gehalten hatte, versammelte der Papst unter seinem Schutze, etwa im Februar,[3] eine Synode der römischen Geistlichkeit zu dem Zwecke, die mehr als fünfjährige Regierung seines Vorgängers rechtlich gleichsam auszulöschen. Durch ein unwürdiges und abscheuliches Possenspiel, dessen gleichen die Geschichte Roms nicht zum zweitenmale aufzuweisen hat, wollte Stephan sein Strafgericht mit Grauen umgeben. Die Leiche des Formosus wurde dem Grabe, in welchem sie ohngefähr neun Monate geruht, in halbverwestem Zustande[1] entrissen und im vollen päpstlichen Ornate Angesichts der Synode auf einen Sessel gesetzt, während ein Diakonus für den auf ewig verstummten Mund die Handlungen des Verstorbenen gegen drei von dem Papste bestellte Ankläger verteidigen sollte.[5] Das Urtheil stand von vornherein fest: von denselben Bischöfen und Priestern, die mit

nuntii, qui uiolentiam et scandala in eius consecratione non permittant fieri, uolumus etc. Unter Karl III erscheint zuletzt ein kaiserlicher Bevollmächtigter in Rom (Ostfränk. Gesch. II, 218, 250).
(1) Ann. Alamann. 896, Fuldens. 896. Flodoard. de Rom. pont. (l. l. p. 318); Concil. Rom. c. 3 (Cod. Bamb. f. 102): sed neque de gradu ecclesiastico synodice eiectum et non canonice restitutum ad altiora pronehere nullus praesumat, prout de Bonifacio primum de subdiaconatu, postmodum de presbiteratu deposito popularis manus agere presumpsit. (2) Dies meldet nur Auxilius in defens. Form. papae append. (3) Die Ann. Alamann. und Fuld. setzen das Todtengericht noch in das J. 896, womit Herimann. Aug. chron. (Scr. V, 111) übereinstimmt, der

F. VIII post obitum mense ausgegraben werden lässt, nach der Invect. aber geschah es erst nach Ablauf von 9 Monaten, nach der chron. S. Bened. (Scr. III, 204) sogar erst nach 11. (4) Die Invect. nennt die Leiche marcidum et paene in puluere redactum (p. LXX), die chron. S Bened. dagegen rühmt ihre Unversehrtheit, womit Auxilius übereinstimmt (in def. Form. 1 c. 10). (5) Ann. Alam. 896: diaconum pro eo constituit ad respondendum; Herim. Aug. 896: loquente pro eo diacono criminatum et quasi conuictum; Ann. Fuld. 896: per aduocatum suae responsionis depositum. Ueber die Ankläger s. das Concil. Roman. (Mansi XVIII, 221): cumque uenisset, ubi Paschalis, Petrus et Syluester contra Formosum dixerunt accusationem periurii et laicae communionis etc.

Formosus während seines Pontifikates Gemeinschaft gehalten, ward er jetzt abgesetzt, weil er von einem Bisthum aus Ehrgeiz zu einem andern übergegangen sei. Man entkleidete hierauf die Leiche, ungerührt durch die Klagen und Fürbitten der Volksmenge, des hohenpriesterlichen Gewandes und zog ihr Laienkleider an, auch wurden die zwei Finger der rechten Hand abgehackt, mit denen der Verstorbene den Segen gespendet.[1] Alle von ihm ertheilten Weihen wurden für null und nichtig erklärt.[2] Den an den Füssen aus der Kirche geschleiften Leichnam liess der Papst anfänglich[3] auf dem Friedhofe der fremden Pilger begraben, sodann aber, wahrscheinlich um die Verehrung der Grabstätte zu verhindern, in die Tiber werfen.

So endete diese schaudervolle Synode,[4] deren Mitglieder später sämtlich ihre Theilnahme entweder leugneten oder für erzwungen ausgaben. „Wenn der römische Bischof, so schreibt später ein Verteidiger des Formosus, lebend von Niemand gerichtet wird, sollte er nach seinem Tode von Jemand gerichtet werden? Wenn er gefragt wurde, was konnte er erwiedern? Wenn er geantwortet

---

(1) Ann. Alam. 896: apostolicam exuit uestem; Liudprand. ant. I c. 30: sacratis mox exutum uestimentis digitisque tribus abscisis, ausführlicher Auxil. inf. et def. c. 30 (p. 50): ibique cum pristinis uestibus denudantes laico amictu uelauerunt et ferro duobus dextrae digitis amputatis; in def. Form. I c. 10. (2) Chron. S. Bened. l. l.: irritas faciens cunctas ipsius ordinationes; Auxilii inf. et def. c. 4 (p. 43): quod autem papa Stephanus Formosum post eius obitum deposuerit et quod neminem ex his, quos idem Formosus ordinauerat, secum in ecclesia nestiri permiserit, plurimi recolunt; Conc. Rom. c. 4: qui ab eodem uenerando papa Formoso canonice consecrati et per quorundam libitum temere deiecti sunt. (3) Ann. Fuld. 896: foras extra solitum sepulturae apostolicis locum sepeliri praecepit, dagegen Ann. Laubac. 896: fecit papam per basilicam trahere atque in flumen proiicere; Herim. Aug. 896: per crura de ecclesia protractum in Tiberim proiici praecepit; Invect.

in Rom. p. LXXI: in Tiberimque proiecisti; Liudpr. ant. I c. 30: in Tiberim iactare praecepit. Die Vermittelung dieser beiden Angaben enthält Auxilius inf. et def. c. 30: in quodam peregrinorum tumulo sepelierunt nec multo post in Tiberinum fluuium praecipitarunt; in def. Form. I c. 10. Da das letztere hiernach auch auf Befehl Stephans geschah, so trifft c. 9 des Concil. Rom. (Uiolatores namque seu corruptores sacri tumuli eiusdem domni Formosi papae, qui sub foedere conspirationis ad capiendum thesaurum corpus illius trahentes in fluuium Tiberim iactare non timuerunt etc.) höchstens die Werkzeuge. (4) Conc. Rom. (Mansi XVIII, 222): illi horrendae synodo Romae; Invect. p. LXX: horribili congregata synodo; illa horrenda congregatio; Ann. Fuld. 896: Stephanus, uir fama infamandus. Das Todtengericht jst das letzte römische Ereignis, das für lange Zeit die gleichzeitigen deutschen Annalisten melden.

hätte, so würde jene ganze Versammlung des Entsetzens, zitternd vor Furcht, auseinander gerissen, ihren Platz geräumt haben und einer nach dem andern wäre hinausgegangen und der Herr hätte zu ihm gesagt: Formosus, wer hat dich verdammt? Darauf jener: Niemand, Herr. Und der Herr hinwieder: So will auch ich dich nicht verdammen." Man erzählte sich, dass aus dem Munde des Halbverwesten frisches Blut geflossen sei[1] und zur Steigerung des allgemeinen Schreckens war kurz zuvor auch die ehrwürdige Lateran-kirche des Kaisers Konstantin aus Altersschwäche zusammenge-stürzt.[2] So erhob sich denn im Juli 897 wider den unmenschlichen Papst eine Empörung der unterdrückten Gegenpartei, er wurde in den Kerker geworfen und dort erwürgt.[3]

Von Stephans unmittelbarem Nachfolger Romanus ist durchaus nichts Näheres bekannt, Theodor II dagegen, der gegen Ende des Jahres 897 den päpstlichen Stuhl bestieg, suchte in seiner nur zwanzigtägigen Regierung das begangene Unrecht zu sühnen. Die von dem Strome angespülten und auf wunderbare Weise wieder aufgefundenen Reste des Formosus wurden ehrenvoll bestattet[4] und die Weihen desselben auf einer Synode für giltig erklärt: die Verzichturkunden, die die von ihm geweihten Geistlichen unter Stephan hatten ausstellen müssen, liess der Papst sämtlich ver-brennen.[5]

Abermals erfolgte jetzt ein Umschwung: Sergius, ein Gesinnungs-genosse Stephans, bemächtigte sich der päpstlichen Würde, doch nur um nach wenigen Monaten wieder vertrieben zu werden und

---

(1) Ann. Laubac. 896: et ex ore eius cruor per pauimenta fluebat; Chron. S. Bened.: dum huc illucque iactaretur etiam sanguis exiit tanto iam tempore elapso. (2) Ann. Alam. 896: basilica in Lateranis maiori parte cecidit et postea das Todtengericht; Concil. Ravenn. c. 10 (Leg. I, 564): cum ecclesiam domini saluatoris, quae Constantiniana uocatur, destructam cerneremus. (3) Epitaph. Stephani (Vitae pontif. Rom. ed. Watterich I, 85), Flodoard. de Rom. pontif. l. l. p. 320, Herimann. Aug. 896: diuinis per merita eius miraculis territi ciues Romani non multo post Stephanum digne cruciatum eiecerunt. (4) Liud-prand (ant. I c. 31): dum a piscatori-bus postmodum esset inuentus, Ge-naueres jetzt bei Auxilius in def. Form. I c. 11, vgl. ferner inf. et def. c. 4 (p. 43): eos namque quos Stephanus secum in ecclesia uestiri prohibuit, papa Theodorus, qui atique de For-mosi ordinatione non fuit et uestiri et suum agere officium praecepit eiusque corpusculum, quod pertinaciter eiectum fuerat cum exultatioue ad apostolicam tumbam reduxit; Conc. Rom. (Mansi XVIII, 221): ut legatur synodus acta a Theodoro papa; Flodoard. de Rom.pont. (5) In defens. Form. pap. app.

Johann IX zu weichen, der, von Formosus zum Priester geweiht,[1]
mit der grössten Entschiedenheit in die Bahnen Theodors einlenkte.[2]
Die gleichfalls sehr kurze Regierung dieses Papstes ist durch den
löblichen und bemerkenswerthen Versuch ausgezeichnet, der wüsten
Unordnung und Verworrenheit, die in Rom herrschten, durch ge-
setzliche Verfügungen in möglichst bindender und feierlicher Form
ein für allemal ein Ende zu machen. Zuerst auf einer Synode in
der Peterskirche,[3] dann auf einer viel stattlicheren Versammlung in
Ravenna, die von 73 Bischöfen[4] aus allen Theilen Italiens besucht
war, wurde der an der Leiche des Formosus verübte Frevel in der
bündigsten Weise verdammt und alle seine geistlichen Amtshandlungen wiederhergestellt und anerkannt — ausgenommen die Krönung Arnolfs.[5] Letztere ward deshalb verworfen, weil der in Ravenna anwesende Kaiser Lambert zu diesen Beschlüssen entscheidend
mitwirkte und dem Papste überhaupt einen festen Rückhalt gewährte.
Johann wollte jedoch nicht, durch zu weit getriebene Strenge die
Gemüter von neuem erbittern, vielmehr durch kluge Schonung die
Wunde schliessen. Daher wurden selbst diejenigen Geistlichen —
sieben Bischöfe und zwei Priester — begnadigt, die ihre angeblich
unfreiwillige Theilnahme an der Synode Stephans eingestanden und
fussfällig um Verzeihung flehten.[6] Die päpstliche Würde Stephans

(1) Invect. p. LXXIV : Formosus..
apostolica sede uiuus residens consecrauit Iohannem ad presbyteratum, qui
postea iuxta Romanam consuetudinem et
consecrationem ad apostolicatus fastigium conscendens etc.   (2) S. Jaffé
reg. pontif. p. 307. Auf diesen ersten
Versuch des Sergius ist ohne Zweifel
Liudpr. ant. I c. 29 zu beziehen, die
Verwechselung zwischen Formosus und
Johann IX lag nahe, sobald Stephan
und Sergius zusammengeworfen wurden.   (3) Die sechs ersten Schlüsse
dieser römischen Synode theilt unser
Bamberger Codex als Ravennatische
mit, doch wurden sie in Ravenna nur
summarisch bestätigt, c. 4 (Leg. I, 563):
Ut synodus, quae uestris temporibus
in basilica b. Petri apostoli pro non-
nullis malis eradicandis et maxime pro
causa domni Formosi sanctissimi papae acta est, uestro imperiali consensu

.. roboretur.   (4) Die Zahl nur bei
Auxilius in defens. Form. app., die
Synode selbst wird oft erwähnt, z. B.
Invect. p. LXXIV: postmodum in
sancta synodo eadem in urbe congregata, cui Lambertus imperator interfuit, apostolico fauore uiriliter resedit.
(5) Conc. Rom. c. 6 .. illam uero barbaricam (sc. unctionem), quae per sub-
reptionem extorta est, omnimodis abdicamus. So im Cod. Bamb., das Wort
Berengarii nach barbar. in den Ausgaben hat sich irrthümlich eingeschli-
chen, es bedarf keiner Ergänzung.
(6) Conc. Rom. (Mansi XVIII, 223):
Prostrati post praefati episcopi, qui
interfuerunt illi Stephani synodo contra domnum Formosum misericordiam
deprecati sunt. Tunc omnis sancta synodus petit misericordiam domni apostolici, ut illud funditus eradicetur, ne
ulterius episcopi cogantur, quid con-

selbst tastete Johann keineswegs an,[1] ja er suchte sogar die Gehässigkeit seines Verfahrens dadurch zu mildern, dass er nicht ihn, sondern untergeordnete Werkzeuge beschuldigte, die Leiche des Formosus in die Tiber geworfen zu haben. Die Usurpation des Sergius und seiner Genossen wurde verurtheilt: zur künftigen Abwehr ähnlicher Frevel erneuerte der Papst die alte Wahlordnung Stephans V, welche bei der Weihe die Anwesenheit eines kaiserlichen Sendboten verlangte.[2]

Nachdem der jugendliche Kaiser Lambert die Synode von Ravenna nur um einige Monate überlebt hatte und damit die auf ihn gebauten Hoffnungen ins Grab sanken, folgte Johann IX schon im Juni 900 ihm ebenfalls im Tode nach.[3] Benedikt IV, des Mammalus Sohn[4], der nächste Papst, musste schon deshalb an der Rechtmässigkeit des Formosus festhalten, weil er von ihm zum Priester geweiht worden war.[5] Der durch ihn zum Kaiser gekrönte machtlose König Ludwig von Burgund vermochte noch weniger als Lambert den zerrütteten Zuständen Roms Heilung zu bringen. Nach dem Tode Benedikts im Jahre 903 folgte Leo V, ein würdiger Mann, der schon nach dreissig Tagen von seinem Priester Christophorus verdrängt und ins Gefängnis geworfen wurde.[6] Nach kurzer Zeit,

---

tra canonum auctoritatem per uim facere aut ullo modo episcopi in custodiam trudantur; quibus libenter domnus papa assensit.
(1) In dem Schreiben an die Geistlichkeit von Langres (Mansi XVIII, 202, J. 2704) sagt J. vorsichtig: non sententiam praedecessoris nostri Stephani papae reprehendentes, sed utilitatis ac necessitatis causa canonice in melius commutantes, quemadmodum praedecessores nostros de multis egisse in promptu habemus. (2) Conc. Rom. c. 8, 10 (Mansi XVIII, 225) vgl. Jaffé p. 305. (3) Jos. Düret (Chronol. der Päpste zu Anf. des 10. Jahrh. in Kopps Geschichtsblättern aus der Schweiz II, 287) hat vollkommen schlagend nachgewiesen, dass das Schreiben des P. Johann an den Erzb Heriveus v. Reims (J. 2707), welches Pagi und Jaffé veranlasste, den Tod Johanns IX

erst nach dem 6. Juli 900 anzusetzen, unter Johann X etwa in das J. 914 gehört. Dies folgt schon aus Flodoard (Hist. Rem. l. IV c. 14), der das päpstliche Schreiben erwähnt und es ausdrücklich in einen späteren Zeitpunkt als die Schlacht von Chartres (20. Juli 911) verlegt. (4) Diese Angabe des Auxilius in defens. Form. app. wird von den Katalogen bestätigt (Muratori scr. III², 321, Eccard. corp. histor. II, 1638). (5) Dies meldet Auxilius in defens. Stephani episc. c. 4, 6. Am 31. Aug. 900 bestätigte Ben. dem B. Argrin von Langres den Gebrauch des Palliums, quod olim a sanctissimo praedecessore nostro Formoso papa acceperat (Mansi XVIII, 235, J. 2708). (6) Jaffé reg. pont. p. 306. 307. Jos. Düret a. a. O. S. 286. Die Regierungsdauer Leos V wird von Auxilius in def. Form. I c. 1 kürzer angegeben, im Januar 904, erlitt dieser das gleiche Loos durch Sergius, der aus siebenjähriger Verbannung zurückkehrend mit auswärtiger, wahrscheinlich tuscischer oder spoletinischer Hilfe die Stadt Rom, in der er Einverständnisse hatte, überzog, und nachdem er den Usurpator abgesetzt, alsbald selbst den päpstlichen Stuhl bestieg.[1] Die beiden entsetzten Päpste, Leo und Christophorus, liess der Sieger im Kerker verschmachten,[2] ihm selbst aber, dem Geliebten der mächtigen Buhlerin Marozia,[3] glückte es sich so gut zu befestigen, dass er unter den dreizehn Nachfolgern Petri, welche die achtzehn Jahre von 896 bis 914 ausfüllen, bei weitem am längsten, nämlich über sieben Jahre[4] regiert hat, während gleichzeitig das Kaiserthum in Italien so gut wie erloschen war. Sergius, der auch die eingestürzte Laterankirche von Grund aus wieder aufbaute,[5] war von Marinus zum Subdiakonus,[6] von Stephan VI zum Diakonus,

als in den Katalogen, die ihm mindestens 40 Tage zuschreiben.

(1) Die Angaben des Auxilius in def. Form. I c. 1, II c. 1 von dem fränkischen Beistande, auf den Sergius sich stützte, sind nicht auf das eigentliche Frankenreich, sondern auf das ehedem fränkische Italien zu beziehen. Man darf sie daher vielleicht durch Liudprand (antap. I c. 30) ergänzen, der Sergius Erhebung dem Markgrafen Adalbert dem Reichen von Tuscien zuschreibt. Das im 9. Jahrh. so mächtige Herzogthum Spoleto tritt seit dem Aussterben der Widonen auffallend zurück. Eine Anspielung auf Sergius enthalten die Worte des Auxilius (inf. et def. c. 25 p. 49); qui (sc. Romani) nec Francorum nec alterius gentis obsidione uel impulsu coacti, sed sua sponte cum (sc. Formosum) eligere .. decreuerunt. (2) Ihr bisher dunkles Loos (Muratori scr. III', 320) wird jetzt durch das Zeugnis des Vulgarius de causa Formos. c. 14 aufgehellt (3) Liudprand. ant. II c. 48, III c 43. Jos. Düret (P. Johannes d. Zehnte in Kopps Geschichtsbl aus d. Schweiz I, 307) hat mich durchaus nicht davon überzeugt, dass Johann

XI ein Sohn der Marozia von Alberich gewesen sei, vgl. Koepke (de scriptis Liudprandi p. 90), dessen treffliche Abhandlung Düret zu seinem Schaden unbeachtet gelassen hat. (4) Auch ich glaube mit Düret (a. a. O. II. 273¹), dass auf die Angabe der Chronik Benedikts (c. 29 : Obiit Sergius papa nonus kalendas Maias) Gewicht zu legen sei und setze seinen Tod daher auf den 23. April 911. (5) Benedicti chron. c. 27 (Scr. III, 713) vgl. Gregorovius (Gesch. der Stadt Rom III, 269—272), der dieses älteste Zeugnis übersehen hat. (6) Die Weihe zum Subdiakonus bezeugt Auxilius in def. Form. app.; Invect. p. LXXII: Sergii, quem Stephanus consecrauit ad diaconatum. Seine frühere Bischofswürde meldet nur Auxil. in def. Form. l. II c. 6, append und Vulgarius scheint darauf anzuspielen de causa Formos. c 11: Bonum quidem persequi uitium eius fuisset, si non imitabile esset etc., dennoch möchte ich kaum daran zweifeln, weil es unglaublich ist, dass in einer gleichsam unter den Augen des Papstes verfassten Schrift ihm etwas Derartiges sollte angedichtet worden sein. Dagegen könnte nur etwa spre-

von Formosus zum Bischof von Cäre geweiht worden und soll dem
letzteren Amte drei Jahre vorgestanden haben. Wenn er, um
Papst zu werden, sein Bisthum ableugnete und zum Range des
Diakonus zurückkehrte, so steht es damit vollständig im Einklange,
dass er gleich Stephan VII die päpstliche Würde und die Weihen
des Formosus für ungiltig ansah. Durch harte Drohungen und
Gewaltmittel bewog er die römische Geistlichkeit, sich seiner Ansicht anzuschliessen: eine Synode derselben kehrte zu den Beschlüssen Stephans zurück.[1] Ueber die Satzungen Johanns IX, die
Sergius und seine Freunde von der Kirche ausgestossen, half man
sich wahrscheinlich in der Art hinweg, dass man jenen zum Usurpator stempelte, der den rechtmässigen Papst Sergius vertrieben
habe.[2] Der Leichnam des Formosus blieb diesmal aus dem Spiele,
die Bitterkeit der Massregel aber wurde dadurch sehr erhöht, dass
Sergius jene Geistlichen nicht bloss degradierte, sondern sie wider
ihre bessere Ueberzeugung zwingen wollte, sich noch einmal weihen
zu lassen[3] und dass er ferner nicht allein bei den Römern stehen
blieb, vielmehr seine Verfügung in der ganzen katholischen Christenheit bekannt zu machen und durchzuführen unternahm.[4]   Gegen

chen, dass es in dem c. 8 des Conc.
Rom. heisst: Sergium, Benedictum atque Marinum dudum presbyteros
sanctae Romanae ecclesiae .. iuste et
canonice damnatos etc.
    (1) Diese Synode, über welche jetzt
Auxilius in def. Form. I c. 1, II c. 1, 6
genauer belehrt, folgerte bereits Hefele
(Conciliengesch. IV, 552) aus Sergius
Grabschrift (Ang. Mai spicileg. Rom.
IX, 357): hic innasores sanctorum falce
subegit | Romanae ecclesiae iudiciisque
patrum, sowie aus Flodoard (de Rom.
pontific. bei Mabillon acta sanct. saec.
III', 606), der selbst aus der Grabschrift schöpft. Serg. liess auch seinem
Gesinnungsgenossen Stephan VII eine
Grabschrift setzen (cb. p. 356), in der
es u. a. heisst: hic primum repulit
Formosi spurca superbi, | culmina qui
innasit sedis apostolicae.   (2) Darauf deutet Auxil. und die Grabschrift
des Serg.: culmen apostolicae sedis is
iure paterno | electus tenuit, ut Theo-

dorus obit. | Pellitur urbe pater, perua-
dit sacra Iohannes | Romuleosque gre-
ges dissipat ipse lupus etc.   (3) S.
über diesen Punkt den folgenden Abschnitt.   (4) In diesem Sinne schrieb
S. an den Bischof Amelius von Uzes
(Bouquet recueil IX, 213, J. 2714): cum
uniuersus orbis dampnatum Formosum
testetur sanctae sedis apostolicae inuasorem admirati in tuis fuimus scriptis.
quae cum inter sacerdotes nominabant.
Igitur si te latet et nuntiatum tibi
non est, his nostris apostolicis apici-
bus agnosce nominatum Formosum
esse dampnatum. Ucrumptamen ad sa-
cros, quos sanctitatem tuam credimus
bene intelligere, recurre canones et
inuenies non licere episcopo propriam
relinquere sedem et inuadere alienam:
quod egisse Formosum manifestum est,
unde perpetualiter est dampnatus. Nach
diesem entschiedenen Ausspruche
konnte Serg. in der Bulle für Adalgar
v. Hamburg auch nicht einmal von

diesen Triumph schnöder Ungerechtigkeit, gegen so widerspruchs-
volle Entscheidungen desselben apostolischen Stuhles, gegen den
harten Gewissenszwang erhoben die Gekränkten, unschuldig Ver-
folgten ihre Stimme, um in beredten Schriften ihr gutes Recht zu
erweisen und die Hilfe des Himmels anzurufen, da es auf Erden
für sie keine höhere Instanz gab.

dem iniquo consensu Formosi p a p a e
sprechen (Lappenberg Hamburg. Urkb.
I, 36. J. 2716) und muss dieselbe, die

Jaffé bereits für interpoliert erklärte,
auch aus diesem Grunde angezweifelt
werden.

DIE FORMOSIANISCHE STREITFRAGE.

Die Absicht der zu Gunsten des Papstes Formosus verfassten
Streitschriften, die insgesamt erst zehn bis fünfzehn Jahre nach
seinem Tode entstanden, richtet sich nicht vorzugsweise darauf,
sein von den Nachfolgern verunglimpftes Andenken zu reinigen,
sondern vielmehr seine durch die Synode Sergius III kassierten
Weihen in ihrer Geltung aufrecht zu erhalten. Zur Unterstützung
dieses unmittelbaren und praktischen Zweckes musste jedoch nothwendig die Persönlichkeit und apostolische Würde des Formosus in
Schutz genommen werden. Eines hieng hier vom andern ab, wiewohl auch für den Fall, dass Formosus nicht rechtmässiger Papst
war, sich vieles für die Geltung seiner Weihen sagen liess. Die
beiden eben angedeuteten Hauptpunkte der Streitsache zerfielen wieder in eine Reihe einzelner Fragen, durch deren Entscheidung das
Gesamturtheil bestimmt wurde.

Die Rechtmässigkeit der Wahl des Formosus zum römischen
Bischofe wurde von den Gegnern bestritten, weil er von Johann VIII
zur Laienkommunion erniedrigt worden, weil er demselben in Bezug auf seine Verbannung und sein Verbleiben in dem Laienstande
einen Eidschwur geleistet, den er später offenkundig gebrochen
habe, weil er endlich sein Bisthum Porto widerrechtlich mit dem
römischen vertauscht habe. Die beiden ersten Schwierigkeiten
liessen sich leicht aus dem Wege räumen, denn abgesehen davon,
dass gegen die Gerechtigkeit der von Johann ausgesprochenen Verurtheilung sich ernste Bedenken erhoben,[1] so war es auch gewis,

---

(1) Auxilius versucht namentlich die
Flucht des Formosus aus seinem Bisthum durch das Beispiel des h. Athanasius zu rechtfertigen, er vermisst
bei seiner Verurtheilung die gehörige
Vorladung und Frist, ganz besonders

dass der Papst Marinus den abgesetzten Bischof von Porto in seine
frühere Würde wieder eingesetzt und von seinem Eide losgesprochen hatte. Unstreitig besass er als Papst das Recht zu lösen,
wie Johann nicht minder das zu binden besessen hatte und von
einem Meineide konnte also keine Rede mehr sein.[1] Ueberdies liess
sich auf jenen erzwungenen Eidschwur eine Bestimmung Pseudoisidors anwenden, wonach derartige durch die Angst erpresste
schriftliche Bekenntnisse der Bischöfe durchaus wirkungslos
sein sollten. Viele Beispiele lehrten, wie auch frühere Päpste
rechtmässig abgesetzte Bischöfe ebenso rechtmässig wieder eingesetzt hatten.

Beiweitem schwerer als diese beiden, wog der dritte Einwand
in Betreff des Ueberganges von einem Bisthum zum andern und zwar
aus ehrgeiziger Absicht und hierauf vorzüglich fusste die Verurtheilung des Formosus.[2] Das Konzil von Nicäa (c. 15) sowie
das dritte karthaginiensische Konzil (c. 38) hatten solchen Wechsel
schlechtweg verboten, die Synode von Sardika (c. 1, 2) denselben
zur Strafe der Ehrsucht mit Ausstossung aus dem geistlichen Stande
und sogar mit Versagung der Laienkommunion bis zum Tode[3] be-
droht, Papst Leo I endlich Verlust der bischöflichen Würde darauf
gesetzt. Diesen klaren und zweifellosen Autoritäten entsprach in
der That wohl noch die vorherrschende rechtliche Ueberzeugung
des neunten Jahrhunderts. Papst Nikolaus versagte deshalb die
Erhebung des Bischofs Formosus zum bulgarischen Metropoliten,
Johann VIII citierte auf der Synode zu Troyes ausdrücklich jene
älteren Kanones als Normen,[4] die Wahl des Papstes Marinus, der
vorher schon Bischof war, wird von dem fuldischen Annalisten als

---

aber macht er zu seinen Gunsten die
exceptio spolii geltend. alles dies freilich nach Pseudoisidor.
(1) Auxil. inf et def. c. 32 p. 51)
lässt dies auch den Gegner zugeben:
sicuti papa Marinus eumdem Formosum
de iuramento, quod innitus dederat, soluere potuit etc.   (2) Sergius bezieht
sich in dem Briefe an Amelius auf diesen
Punkt allein, dgl. Liudprand (antap. I
c. 30): Cum Portuensis esses episcopus,
cur ambitionis spiritu Romanam uniuersalem usurpasti sedem?   (3)

Wenn Auxilius (de ordinat. c. 11, 12)
diese beiden Kapitel als Synodalschlüsse nicht will gelten lassen und
sie nur dem Bischof Hosius von Cor-
dova zuschiebt. so befindet er sich,
wie Joh. Morinus (Comment. de sacris
ordinationib. p. 283) ausführt, in of-
fenbarem Irrthume.   (4) Hincmari
ann. 878 (Scr. I, 507): ipso iubente
lecti sunt in synodo canones Sardi-
censis concilii et decretum papae Leonis de episcopis sedes suas mutanti-
bus, sed et Africani canones et ut

eine ungesetzliche bezeichnet[1] und selbst Johann IX, indem er die Wahl des Formosus als durch das Bedürfnis der Kirche geboten nachträglich rechtfertigt, erinnert an die alten Kanones.[2] Was konnten die Anwälte des Formosus dem entgegen setzen? Cassiodor lieferte ihnen eine Reihe von Fällen, in denen in älterer Zeit eine solche Versetzung von Bischöfen stattgefunden hatte und gutgeheissen worden war, freilich nur in der griechischen Kirche. Noch werthvoller aber war für sie eine dem Pseudoisidor entlehnte Dekretale des Papstes Anterus, welche bei dringendem Bedürfnis und auf den Wunsch des Volkes die Verpflanzung in ein anderes Bisthum geradezu gestattete.[3] Auf diese unechte Verfügung berief sich Papst Hadrian II, als er dem vertriebenen Bischofe Aktard von Nantes das Erzbisthum Tours überwies.[4] Ueberhaupt waren im fränkischen Reiche schon einige solcher Ausnahmen von der Regel zugelassen worden, wofür ich nur noch die Namen Ebbos und Frothars anführe. Daraus folgte freilich nichts für Rom, allein auch hier war Marinus von dem Bisthum Cäre auf den apostolischen Stuhl übergegangen und sein Nachfolger Stephan VI verteidigte diese im Abendlande unangefochtene Wahl gegen den Kaiser Basilius mit den nämlichen Waffen,[5] die später Auxilius für Formosus führte. Dass Ausnahmen von jenen alten Kirchengesetzen zulässig seien, konnte demnach füglich nicht bestritten werden und es

non fiant episcoporum translationes.. pro Frotario Burdegalensi episcopo; vgl. Mansi XVII, 347, 350.
(1) Ann. Fuld. P. IV 482 (Scr. I, 397): Marinus, antea episcopus, contra statuta canonum subrogatus est. (2) Conc. Rom. c. 3: statuimus et omnino decernimus, ut id in exemplum nullus assumat, praesertim cum sacri canones hoc penitus interdicant et praesumentes tanta feriant ultione, ut etiam in fine laicam eis prohibeant communionem, quippe quod necessitate aliquotiens indulgetur, necessitate cessante in auctoritate sumi non est permissum. (3) Für die Dekretale des Anterus (sowie Pelagius II) ist gleichfalls schon Cassiodori hist. tripart. l. XII c. 8 benutzt; s. Decret. Pseudoisid. ed. Hinschius p. CXXIII. (4) Am 26. Dez. 871 (Mansi XV, 852,

J. 2238): dicente Antero papa in epistola sua, weiterhin folgen Beispiele et alios nonnullos, sicut tripartitae historiae series prodit, legimus pro temporis necessitate de una ecclesia fuisse mutatos in aliam. Auf Aktard bezieht sich Inf. et Def. c. 22: Actardus quoque de Terraconensi (sic) episcopatu inthronizatus est in Turonensi archiepiscopatu dante imperatore Carolo II et consentiente papa Adriano II. (5) Mansi XVI, 423 (von Jaffé übersehen): quicunque dicunt Marinum fuisse antea episcopum ac proinde non potuisse ad aliam sedem transferri, ostendant illi id aperte.. diuina prouidentia praenoscens ecclesiae dei utilitatem in sede principis apostolorum Petri illum collocauit (folgen mehrere Beispiele aus Cassiodor.)

handelte sich nur noch darum, ob die in dem einzelnen Falle vor-
liegende eine berechtigte oder unberechtigte sei, d. h. ob Formosus
bloss aus unlauterem Ehrgeize oder aus wahrer Hingebung für das
Wohl der Kirche' sein Bisthum verlassen habe. Auf diese Frage
liess sich nicht leicht eine unumstösslich sichere Antwort geben, doch
fiel wenigstens der Umstand schwer ins Gewicht, dass Geistlichkeit
und Volk von Rom ohne jeden äusseren Zwang den Bischof von
Porto einmüthig zum Papste gewählt und ihn trotz seines scheinba-
ren Widerstrebens unter allgemeiner Zustimmung eingesetzt hatten.
Der in Rom herrschenden Ueberzeugung gemäss erklärte daher
Johann IX diese Wahl, welche die ganze Christenheit anerkannt
hatte, für eine der berechtigten Ausnahmen.²

Vorausgesetzt nun die Wahl des Formosus wäre dennoch eine unrechtmässige gewesen, durfte ihn nach einer mehr als fünfjährigen
durchaus unbestrittenen Regierung sein Nachfolger Stephan absetzen
und verurtheilen? Päpste, so liess sich einwenden, konnten nach einem
ziemlich allgemein anerkannten Rechtsgrundsatze³ überhaupt nicht
von Menschen gerichtet werden, da Gott sie seinem Gerichte allein
vorbehalten hatte. Die Sinnlosigkeit der Verurtheilung eines Verstorbenen, der schon zum himmlischen Gerichte abberufen war, be-
durfte überdies keines besonderen Beweises, doch fand sich Johann IX veranlasst, auf seiner römischen Synode ein ausdrückliches
Verbot gegen Todtengerichte zu erlassen!⁴ Der erstere Einwand vermochte indessen die Gegner sicherlich nicht zu widerlegen, denn
wenn Formosus in ihren Augen nichts weiter als ein unrechtmässi-

---

(1) Vulgarius in defens. Formosi
(ed. Mabillon p. 29): hic enim dum ..
uidisset gentem suam patriamque hu-
miliari ac deiectum pati, elegit zelo
ductus potius mori , quam funditus
rem puplicam euerti et turpiter uidere
maculari: eine doch wohl etwas phra-
senhafte Entschuldigung! (2) Conc.
Rom. c. 3: Quia necessitatis causa
de Portuensi ecclesia Formosus pro
uitae merito ad apostolicam sedem
prouectus est etc. (3) Die Invect.
p. LXXI bezieht sich dafür auf des
Ennodius libell. apologetic. pro synodo
(Sirmondi opp. varia V, 1638), auf die

erdichteten Akten der Synode von
Sinuessa im J. 303 (s. Döllinger Papstfabeln S. 49), Vulgarius auf die letzteren und die von Pseudoisidor oft benutzte Stelle Isidors (Synonym. l. II
n. 86). (4) Concil. Rom. c. 1 ..
ne ulterius praesumatur fieri de quolibet spiritus sancti iudicio interdici-
mus, quia ad iudicium uocari mortuus
non potest, cum persona quae ad iudicium uocatur, ideo uocatur, ut aut
fateatur obiecta aut conuincatur ob-
iectis et in omnibus patet, quia mortui cadauer per se nec respondere
nec satisfacere potest.

ger Usurpator war, so stand es seinem rechtmässigen Nachfolger auch frei, ihn unter Mitwirkung der römischen Klerisei für einen solchen zu erklären und die rechtlichen Konsequenzen dieser Erklärung zu ziehen.

Der Streit über die Wirkungen der Leichensynode, so mochte man alle weiteren Erörterungen abschneiden, ist ein völlig müssiger, weil gegen dieselbe nicht bloss Papst Theodor II aufgetreten ist, sondern Johann IX zuerst in Rom, dann in Ravenna[1] ihre Akten förmlich kassiert und das Andenken des Formosus hergestellt hat. Die Gegner suchten hierauf wohl den Charakter der Ravennatischen Synode zu verdächtigen,[2] welche die andere Partei fast wie eine allgemeine ansah, sie behaupteten, dass Johann IX nur durch Verdrängung des rechtmässigen Papstes Sergius auf den apostolischen Stuhl gelangt sei — obgleich man nicht bis zu einer völligen Aufhebung seiner Handlungen fortschritt —, endlich und hauptsächlich aber stellte man der Autorität des einen Papstes die des andern gegenüber und es musste schliesslich der Lebende doch Recht behalten über den Todten.

Hier gelangen wir nun zu dem zweiten Hauptpunkte, zu dem eigentlich praktischen Momente der ganzen Streitfrage, nämlich ob Sergius III befugt war, selbst wenn er mit gutem Grunde die Wahl des Formosus für eine ungesetzliche hielt, die von ihm ertheilten Weihen zu kassieren und ob er ferner befugt war, die von Formosus schon einmal geweihten Geistlichen zur abermaligen Ordination zu zwingen. Das Verfahren seines Vorgängers Stephans VII war nämlich insofern doch noch ein milderes gewesen, als er die Formosianer nur degradierte, nicht aber wider ihre bessere Ueberzeugung ihnen eine zweite Weihe aufnöthigte.[3] Die Anhänger des Sergius beriefen sich zunächst auf den Vorgang Stephans IV, da

---

(1) Auxilius ebenso wie Vulgarius beziehen sich nur auf die Synode von Ravenna, ohne die vorangehende römische zu erwähnen, ohne Zweifel, weil jene viel zahlreicher besucht und durch die Anwesenheit des Kaisers ausgezeichnet war, doch mag auch eine Verwechselung stattfinden, weil auf f. 101 die römischen Schlüsse als ravennatische bezeichnet werden.   (2) Auxilii inf. et def. c. 29 (p. 50): Inf. .. quod non sincera concordia, sed auri copia institutum est ideoque pro nihilo ducendum est. Def. ... quod delatis muneribus tale quid in illa synodo statutum fuerit, probare minime poteris.   (3) Auxil. in defens. Form. app. vgl. l. I c. 10.

er im J. 769 den Eindringling Constantin II, der als Laie mit
bewaffneter Hand den päpstlichen Stuhl bestiegen und dreizehn
Monate inne gehabt hatte, nicht bloss geblendet auf einer Synode
absetzen liess, sondern auch alle von ihm Geweihten entsetzte
und nochmals ordinierte.¹ Diesem Ereignis aus einer nahe lie:
genden gewaltthätigen Zeit standen viel ehrwürdigere Autoritäten
der älteren Kirche entgegen. Es konnte darauf hingewiesen werden, dass selbst die geistlichen Handlungen eines Judas Ischarioth²
nach seinem Verrathe noch ihre Geltung behielten, aber auch der
heilige Papst Leo hatte verfügt, dass die von Afterbischöfen ertheilten Priesterweihen bei deren Absetzung dennoch sollten bestehen bleiben. Der Papst Anastasius erkannte die Weihen des Ketzers
Acacius an, desgleichen Innocentius die des Bonosus und das Ni-
cänische Konzil beraubte die Katharer, die in den Schoss der
Kirche zurückkehrten, nicht ihres geistlichen Grades. Nicht anders wurde es mit den Ordinationen des auf unrechtmässige Weise
erhobenen Patriarchen Anatolius von Konstantinopel gehalten, sowie
mit denen der Päpste Liberius³ und Vigilius, von denen nach der
herrschenden Ueberlieferung jener sich durch Ketzerei befleckte,
dieser durch die schändlichsten Ränke seinen Vorgänger Silverius
ins Elend brachte. Nach allen diesen gewichtigen Beispielen lief
das Verfahren Stephans IV und Sergius III der herrschenden Praxis
der alten Kirche durchaus zuwider und musste als eine unerhörte
Neuerung verworfen werden.⁴ Noch unerlaubter aber war es und
durch die Autorität der apostolischen Kanones und Gregors I ver-

(1) Auxilii inf. et def. c. 4 p. 42:
ut in pontificali libro legitur. (2)
Die Hinweisung auf Judas ist aus dem
Schreiben des Papstes Anastasius an
den K. Anastasius c. 7 entlehnt: desselben Argumentes bedient sich auch
noch Liudprand (antap. I c. 30). (3)
Dass Auxilius hinsichtlich der Ketzerei des Liberius sich im Irrthume befindet, bemerkt Joh Morinus (a. a. O.
p. 284), freilich aber wurde er hiebei
durch die gewichtigsten Autoritäten
verführt; vgl. Döllinger Papstfabeln S.
106—120. (4) Morinus (a. a. O.)
weist darauf hin, dass im J. 961 Jo-

hann XII ganz ebenso wie Sergius
über seinen Vorgänger Leo VIII und
dessen Weihen urtheilt und zwar unter Berufung auf Stephan IV (Mansi
XVIII, 473, 474), allein abgesehen
davon, dass Leo streng genommen in
der That ein Usurpator war, so wird
doch der Papst Oktavian auch wohl
schwerlich als kanonistische Autorität
gelten können. Wiewohl Morinus (II,
86) sich für die Wiederholung zwei-
felhafter Weihen erklärt, so gibt er
doch zu, dass diese Frage in der älteren Kirche eine sehr streitige war.

pönt, dass Geistliche für denselben Grad, den sie schon einmal empfangen, zum zweitenmale geweiht werden sollten. Es lag auf der Hand, welche heillose Verwirrung der Gewissen daraus hervorgehen, wie viele Unschuldige davon betroffen werden mussten, wenn man die Weihen des Formosus, folglich auch die Johanns IX, Benedikts IV und anderer Päpste, sowie überhaupt ihre geistlichen Amtshandlungen insgesamt für ungiltig erklären wollte. Der Erfolg konnte nur eine allgemeine Verwüstung und Entheiligung gleichsam der italienischen Kirche sein.

Aus den bisher entwickelten Streitpunkten entsprangen noch einige Fragen allgemeinerer Art, nämlich ob man verpflichtet sei, den Vorgesetzten, insbesondere dem päpstlichen Stuhle selbst wider Recht und Gewissen sklavischen Gehorsam zu zollen und endlich bei wem die letzte Entscheidung zu suchen sei, wenn zum Aergerniss aller Gläubigen die Nachfolger des Apostelfürsten unter einander hadernd sich gegenseitig absetzen und ihre Schlüsse aufheben. Diese Fragen mussten wohl auftauchen, wenn man sah, dass dieselben Bischöfe, die Formosus gewählt und anerkannt hatten, ihn auf Geheiss Stephans VII absetzten, dann unter Johann IX ihn feierlich wiederherstellten, um ihn schliesslich nach dem Willen Sergius III für einen ewig Verdammten zu erklären. Und dieselben Päpste Stephan und Sergius, die ihrem Vorgänger ein verdammungswerthes Verbrechen daraus machten, aus Ehrgeiz von einem kleineren Bisthum zu dem römischen übergegangen zu sein, hatten sich das gleiche Vergehen in einer viel unzweifelhafteren Weise zu Schulden kommen lassen, ob sie auch den Versuch machten,[1] diesen Vorwurf durch eine rechtliche Fiktion von sich abzulehnen. Wenn Johann X, wie es scheint, die Verfügungen des Sergius aufrecht erhielt,[2] so traf ihn der gleiche Vorwurf in noch erhöhtem Masse, da er von Bologna nach Ravenna, von Ravenna nach Rom übergesiedelt war. Solchen Päpsten gegenüber darf uns die frei-

---

(1) Die Angaben des Auxilius, wonach unter Formosus Stephan Bischof von Anagni, Sergius von Cäre war, halte ich für glaubwürdig, da sie nicht wohl erfunden sein können. Mit den Weihen des Form fiel eben auch ihre eigene bischöfliche Weihe.   (2) Die

Invect. in Rom. ist, wie der Herausgeber schon bemerkte, unter Johann X abgefasst, der sanctam Romanam et apostolicam ecclesiam nefariis ausibus usurpauit. Düret hat bei seiner Bekämpfung Liudprands diese wichtige Quelle übersehen.

mütige Erklärung nicht Wunder nehmen, dass der blosse Besitz
des Stuhles Petri noch kein Anrecht auf einen himmlischen Thron
gebe, dass der rechte Nachfolger Petri auch Nachfolger seiner Tugenden sein müsse und dass man den unrechtmässigen Geboten
wölfischer Oberhirten auf die Gefahr der Exkommunikation hin den
Gehorsam weigern dürfe. Als einzig berechtigten Austrag aber
dieser unheilvollen Zwistigkeiten schlugen die Verteidiger des Formosus die Berufung eines allgemeinen Konzils und zwar unter
Mitwirkung der Staatsgewalt vor,[1] denselben Ausweg mithin,
der sowohl im eilften als im fünfzehnten Jahrhundert allein geeig-
net war, die Kirche aus unheilbarer Spaltung zur Einheit zurück-
zuführen.

Welche von den beiden streitenden Parteien in dieser Sache
die höhere Gerechtigkeit für sich hatte, selbst wenn das Kirchenrecht der andern einige Hinterthüren offen liess, kann für uns nicht
dem geringsten Zweifel unterliegen und es bleibt ein eitles Bemü-
hen aus blinder Verehrung für den Stuhl Petri die Handlungs-
weise des Sergius, der ja übrigens ein thatkräftiger Mann gewesen
sein mag, oder gar das sinnlose Wüten Stephans VII rechtfertigen
zu wollen.[2] Auch hat die Nachwelt im Sinne der unterdrückten
Partei entschieden, indem später Niemand dem vielgeprüften Formosus seinen Platz im Papstkataloge streitig machte. Noch im
Laufe des zehnten Jahrhunderts kamen jene alten Kirchengesetze,
die ihm keine Ruhe im Grabe gelassen, gegen die Versetzung von
Bischöfen, als eine lästige und unpraktische Schranke, hauptsächlich

---

(1) Inf. et Def. c. 28 (p. 50): proinde
necesse est, ut auctore deo congrege-
tur uniuersale concilium et ad instar
magni Constantini intersit regis praesentia et tunc istiusmodi scandalum
sedabitur et ecclesiae pax instaurabi-
tur; vgl. c. 30.; De ordinat. c. 38 (40):
in sacro ordine, quo consecrati sumus,
permanentes praestolamur uniuersalis
concilii aequissimum examen; In defens. Steph. episc. c. 4, 8.   (2)
Morinus, der Auxilius den Vorwurf
macht, dass er sich parum considerate
über die päpstliche Gewalt ausdrücke.
will an dem Todtengerichte Stephans

nur gerechte Strenge anerkennen: non
secus ac ii laudantur, qui viris principibus aut cognatis atque etiam filiis
sontibus non pepercerunt sed de eorum criminibus iuxta leges vindictam
sumpserunt (!). Hefele (Conciliengesch.
IV, 552) folgert aus der Synode des
Sergius gegen die Formosianer, dass
er nicht „so schlecht" gewesen sein
könne, wie Liudprand ihn schildert.
Sogar eine blosse Phrase aus seiner
Grabschrift (amat pastor agmina cuncta
simul) muss zu seiner Rechtfertigung
dienen.

wohl durch den Einfluss Pseudoisidors, ganz ausser Gebrauch. Die Geschichtschreiber, die zuerst diese Ereignisse berührten, sind Formosus günstig gesinnt[1] und das römische Volk bewahrte ihm eine theilnehmende Erinnerung.

(1) So die Ann. Fuld. §96, Liudprand. ant. I c. 31: Quantae autem esset auctoritatis quantaeque religionis papa Formosus fuerit, hinc colligere possumus etc.; Benedicti chron. c. 29: Quanta et qualia intentio inter Romanos et Formosus papa modo taceamus.

III.

DIE STREITSCHRIFTEN FÜR FORMOSUS, AUXILIUS UND BISCHOF STEPHAN VON NEAPEL.

Nachdem zu Anfang des zwölften Jahrhunderts bereits der Chronist Sigebert von Gembloux zwei von den Streitschriften des Auxilius für den Papst Formosus gekannt und einige geschichtliche Notizen daraus entnommen hatte,[1] blieben dieselben lange unbeachtet liegen und entgiengen sogar dem Spürsinne der Magdeburger Centuriatoren, die sonst ohne Zweifel den wackeren Auxilius unter die Zeugen der Wahrheit eingereiht haben würden. Die erste unmittelbare Kunde dieser Litteratur verdanken wir dem Kardinale Cäsar Baronius: er veröffentlichte, wie er es von Papyrius Masson

(1) Sigebert. de scriptor. ecclesiast. c. 112: Auxilius scripsit dialogum sub persona infensoris et defensoris diuinis et canonicis exemplis munitum contra intestinam discordiam Romanae ecclesiae scil. de ordinationibus exordinationibus et superordinationibus Romanorum pontificum et ordinatorum ab eis exordinationibus et superordinationibus. Bethmann nannte in seiner Ausgabe der Chronik Sigeberts (Scr. VI, 275) auch Auxilius de Formosiana calamitate. (unter welchem Titel er den Inf. et Def. versteht) unter den Quellen für die J. 900,903, gleichwohl ist er mit Hirsch (De vita et scriptis Sigiberti p. 76 — 79, S1) der Ansicht (p. 344 n. 42), dass Sigebert daneben für die J. 900—907 ex continuatione quadam gestorum pontificum wahrscheinlich geschöpft habe. Sig. hat aber vielmehr benutzt für 900 (Hic Formosus — repetiturum) In de-

fens. Form. 1 c 4, 6, für 902 (Hic — persequitur) den app. und (Legitur — fecit) I c. 10, für 903 (hic — praecepit. Iohannes — fecerat) den app., für 905 (hunc — inuasionem) I c. 1, für 907 (ad Francos — haberent) I c. 1, wozu aus dem app. die Bezeichnung des Sergius als Bischofs kommt. Hiernach bleibt ausser den Beiträgen, die Liudprand geliefert, noch zum J. 900 die Notiz über Marinus übrig, der vielleicht Inf. et Def. c. 20, 32 zu Grunde liegen mag. Wahrscheinlich also lag Sigebert eine Handschrift vor, in der auf die letztere Schrift ohne besonderen Titel die andre in defens. Formosi p. folgte, so dass er beide für ein Ganzes halten konnte. Aus Sig giengen diese Nachrichten wieder in andere Quellen über, wie Alberici chronic. a. 901, 903, 907 (ed. Leibnit. p. 239 246), Amalr. Augerii hist. pont. Rom. (Eccard. corp. hist. II. 1710 — 13).

erhalten hatte, unter dem Titel Acta Formosi papae den einleiten-
den Brief des Auxilius an Leo von Nola, die Ueberschriften von
30 Kapiteln und die Kapitel 29 und 30 des Dialoges Infensor
et Defensor.[1] Der Priester Johannes Morinus entdeckte sodann
1641 auf einer Reise zu Toulouse sowohl jene Schrift wie die nahe
verwandte de ordinationibus: später im J. 1655 gab er sie beide zum
erstenmale vollständig nach dem Codex eines lothringischen Klosters
heraus, der mit einer andern Abschrift Jacob Sirmonds verglichen
worden war.[2] Mabillon fügte dieser Ausgabe im J. 1655 eine von
ihm in einem Codex von Fécamp neuentdeckte Abhandlung über
denselben Gegenstand hinzu,[3] die er libellus super causa et negotio
Formosi papae betitelte und mutmasslich gleichfalls dem Priester
Auxilius zuschrieb. Hieran endlich schloss sich die von Jos. Bianchini 1735 veröffentlichte Invectiva in Romam in etwas lückenhafter
Gestalt und ohne jede Angabe der handschriftlichen Grundlage.[4]
So weit waren unsere Kenntnisse von dieser Litteratur gediehen,
als Rosshirt auf neue Quellen für die Formosianische Streitfrage
in Bamberger Handschriften hinwies, deren Inhalt den Anlass zu
gegenwärtiger Untersuchung gegeben hat.

Indem wir zur näheren Prüfung dieses Inhaltes unter Berück-
sichtigung des schon früher bekannten Materials übergehen, haben
wir zu unterscheiden zwischen den dem Eugenius Vulgarius beige-
legten Schriften, die in zweiter Reihe zu betrachten sind, und drei
andern ohne Angabe eines Verfassers, von denen sogar nur die

(1) Annales ecclesiastici (Romae
1607) XII, 957 ff.; ed. Mansi XV,
485. (2) Ioann. Morinus
commentar. de sacris eccl. ordinationib. ed. Paris. 1655 p. 348 sq.,
Antverp. 1695 p 282 309. (3)
Analecta vetera t. IV, 610—624, ed.
II Paris 1723 p. 28—31, worauf aus
Morinus die beiden Schriften des Auxilius folgen, p 32—52. Die Ausgabe
von Morinus ist auch in der Biblioth.
patrum Lugdunens. t. XVII wiederholt.
(4) Anastasii Bibliothec. de vitis Roman pontif.. Romae 1735, t. IV p.
LXX—LXXIV: nähere Erläuterungen
sollten vielleicht im fünften Bande
nachfolgen, der nicht erschienen ist.

Alle 4 Streitschriften findet man jetzt
in Einem Bande vereinigt bei Migne
patrologiae cursus completus t.CXXIX,
823—838, 1053—1112. Der Leidener
Codex Vossianus Q. 54 saec. XI enthält, wie zuerst Pertz 1835 bemerkte
(Archiv VII, 871, VIII, 30), nach ge-
fälliger Mittheilung des Hrn. Biblio-
thekars Dr. du Rieu f. 113—118 ohne
Ueberschrift den von Mabillon edir-
ten Dialog Petis a me responderi etc.,
f. 118—136 den Inf. et Def. ohne
Ueberschrift und ohne den Brief an
Leo sofort mit cap. 1 beginnend und
wie bei Morinus mit accipere non
potuerunt schliessend.

zweite einen Titel führt. Unzweifelhaft sind diese drei namenlosen Schriften gleiches Ursprunges: hinsichtlich der beiden ersten erhellt dies schon daraus, dass in der zweiten ausdrücklich auf die erste Bezug genommen wird,[1] in allen dreien, zumal aber in der zweiten und dritten kehren ferner grossentheils dieselben Citate in derselben Fassung wieder.[2] Noch entscheidender endlich ist der Umstand, dass ausser manchen einzelnen Wendungen längere Ausführungen sich an allen drei Orten wörtlich wiederholen, doch zugleich in der Weise umgestellt und in einen andern Zusammenhang eingefügt, wie wir dies nur dem Verfasser selbst, nicht einem Abschreiber zutrauen können.[3] Hiebei ist sogleich hinzuzufügen, dass alles, was wir von den drei Abhandlungen unseres Codex bemerkt haben, seine volle Anwendung auch auf den Dialog Infensor et Defensor findet, wie man ja von jeher diesen mit der Schrift De ordinationibus in engste Verbindung gebracht hat.[4]

Von den soeben zusammengestellten vier Werken beziehen sich drei ausschliesslich auf die Weihen des Papstes Formosus, das vierte verteidigt zwar zunächst die Rechtmässigkeit des gleichzeitigen Bischofs Stephan von Neapel, dessen Fall ein ganz ähnlicher war, daneben aber nimmt es sich ebenfalls jener Weihen an. Der Name des gemeinsamen Verfassers, den unsere Handschrift verschweigt, ergibt sich aus einem dem Inf. et Def. als Vorrede vorangeschickten Briefe, in welchem der Priester Auxilius dem Bischofe Leo von Nola entgegnet, dass er auf seine Aufforderung sich der Verteidigung der Formosianischen Weihen wider die Anfechtungen der Gegner unterziehen wolle. Derselbe Auxilius er-

---

(1) In defens. Stephani episc. c. 6.
(2) Besonders auffällig ist dieser Zusammenhang zwischen der Schrift in defens. Steph. episc. und der de ordinat., wie aus den von mir gegebenen Nachweisungen hervorgeht, jene hat auch nicht ein einziges selbständiges Citat. Auf derartige Uebereinstimmungen habe ich auch sonst aufmerksam gemacht. (3) Solche Parallelstellen finden sich in defens Formosi 1 c. 8, 9, 12, II c. 8, 9, 11, woselbst sie angegeben sind. Vgl. ferner de ord. c. 27: Ilis ita de compendio praelibatis mit in def. Form. I c. 5, inf.

et def. c. 5 longe incomparabiliter melius, c. 18 longe incomparabiliter aliud mit in def. F. 1 c. 8 u. s. w. (4) Bei Morinus folgt in dem inf. et def. am Schlusse von c. 32 ein Anhang Interrogatio super his qui primo per uim etc., von dem der Herausgeber nicht bemerkt hat, dass es ein besonderes Stück ausmacht und von ihm selbst bereits vollständiger als Praefatiuncula der ganzen Schrift vorausgeschickt worden war. Derselbe Aufsatz aber, etwas umgearbeitet, findet sich in unserem Codex als c. 39 von de ordin.

scheint in den Ausgaben als Verfasser der Schrift De ordinat., welche er vielleicht dem Bischof von Nola sogar zugleich mit jener andern übersandte,[1] doch bleibt es allerdings zweifelhaft, ob sein Name hier in den Handschriften[2] genannt wird oder nur auf Vermutung der Herausgeber beruht. Wenn nun auch der Brief an den Bischof von Nola schon zum Erweise genügt, so vermag er freilich den Argwohn nicht ganz niederzuschlagen, dass der Name Auxilius nur ein gemachter und erborgter sei.[3] Diese Annahme würde dann gänzlich ausgeschlossen sein, wenn wir in einem Priester Auxilius zu Monte Cassino, der eine Auslegung zur Genesis verfasste, den unsrigen wiederfinden dürften. Hiedurch erhielten wir zugleich Aufschluss über den Ort, wo er sein Leben geendet hat.

Wie der Name ein unsicherer bleibt, so sind es grösstentheils nicht minder die weiteren Lebensverhältnisse unseres Autors. Dass er nicht aus Italien stammte, sondern aus der Ferne nach Rom gepilgert war,[4] um dort durch Formosus, also zwischen 891 und 896, die Priesterweihe zu empfangen, sagt er mehrmals ausdrücklich, und hebt mit Nachdruck die Unbilligkeit hervor, die darin lag, dass auch die Fremden ihrer Weihen beraubt werden sollten, da

---

(1) In dem Briefe an Leo heisst es: Nihilominus autem cogis me obiectionibus, quas aduersus eumdem Formosum papam eiusque ordinationes quidam obiiciunt dialogico schemate breuiter respondere. Misi quod iam in opusculo eiusmodi altercationis causatus sum. Attamen quia de una auri materia diuersae conficiuntur species, quae diuersis hominum uoluntatibus placeant .. faciam quod hortaris. Da in der Handschrift des Morinus De ordin. als erstes Buch vorangieng, so kann es um so mehr die in dieser Vorrede erwähnte frühere Schrift sein, als dieselbe offenbar nicht, wie die neue, in dialogischer Form abgefasst war. (2) Die beiden Bamberger Handschriften nennen wenigstens keinen Namen. (3) Mabillon (vet. anal. p. 321 fügt zweifelnd hinzu: fictum an verum nomen. Aug. Mai benutzte die ungedr. lat. Glossen eines Auxilius presbyter saec. IX (Spicileg. Rom. IX app. V. 19. 24. 43. 56), der-

selbe erwähnt in einem Kataloge von Monte Cassino handschriftlich Auxilii presbyteri quaestiones (ch. V, p. XXI, 222. Das nämliche Werk kannte schon Mabillon (annal. ord. S. Bened. III. 325) als quaest. in Genesim in 137 Kapiteln mit den Anfangsworten: Inc. Prologus Auxilii presbyteri. Omnis diuina scriptura bipertita est etc. In dem Necrol. Casinense findet sich zu VIII Kal. Febr. Auxilius diaconus et monachus. (4) In def. Form. p. I c. 3, 9, 11, II c. 8: Inf. et Def. c. 1: mihi autem, qui de longinquis terrarum spatiis ad apostolorum limina profectus sum et sacram ordinationem .. magis ab apostolo Petro quam ab eius uicario suscepi; c. 20: Formosus, ut dixi, non ad me, id est ad ordinationem quam fecit, sed ad eos pertinet, qui eum elegerunt; c. 31: Inf... cum sis homo exterae gentis et apud nos humanae uitae subsidiis indigeas, worauf er sich als Priester bezeichnet.

sie doch den von ganz Rom anerkannten Papst nothwendig für
den rechtmässigen halten mussten. Zur Zeit der Wahl dieses
Papstes aber scheint er sich noch nicht in Rom befunden zu haben.[1]
Aus jenem Umstande hat man schon früher fränkische Abkunft
gefolgert: eine Mutmassung, die jetzt durch die Anführung eines
deutschen Wortes nicht wenig verstärkt wird.[2] Jedenfalls muss
aber Auxilius als Priester Italien zu seiner zweiten Heimat erkoren
haben, die genauen Angaben über die römischen Vorgänge lassen
auf einen Aufenthalt in der Nähe Roms schliessen, wie auch die
ihm geläufige Bezeichnung als Franken für alle dem fränkischen
Reiche vormals einverleibten Italiener dem unteritalischen Sprach-
gebrauche entspricht.[3] Auf Neapel als Wohnort weist ferner der
persönliche Antheil und die nähere Bekanntschaft, die Auxilius mit
dem Bischofe Stephan von Neapel verband, die zweimalige Erwähnung dieser Stadt an Orten, wo dies eben nicht nöthig gewesen wäre, die Berufung auf das Zeugnis eines Neapolitanischen
Archidiakonus[1] und die Freundschaft mit dem benachbarten Bischofe
von Nola. Auf Beziehungen zum griechischen Reiche, dem Neapel
damals dem Namen nach angehörte, deutet die Anführung einer
Thatsache aus der Regierung des Kaisers Basilius.[5] Eben dies
Verhältnis zu Byzanz gewährte der Stadt Neapel Rom gegenüber,
dem es sich ohnehin an Glanz und Reichthum beinahe gleich dünkte.[6]
eine freiere Stellung, die bisweilen eine offen feindliche wurde, wie

---

(1) In dem inf. et def. c. 26 bezieht
er sich für die Weihe des Form. auf
die, qui praesentes fuerunt. (2)
Schon Morinus (p. 282) bemerkt: Fran-
cum fuisse vix dubitari potest, Köpke
(de vita Liudpr. p. 76) nennt ihn irrthümlich Nolanus, v. Döllinger (Papstfabeln S. 120) dgl. einen römischen
Presbyter. An · der entscheidenden
Stelle in defens. Form. II c. 8 wird
eine Wendel (windile ahd.) oder Garn-
winde erwähnt. Statt des anlautenden
un steht in der Handschr. auch sonst
ein blosses u. z. B. in den Namen
Walpert, Waifar. (3) In def.
Form. p. I c. 1, 4, 5. 11 (vgl. mit dieser
Gegenüberstellung Romanae ecclesiae
— Francorum inf. et def. c. 29: non
solum Romuleae ciuitatis sed omnes

pene Italiae praesules), II c. 1, append.
(rex Francorum für Lambert); Schreiben an Leo v. Nola: mirificae soler-
tiae Francos. Vgl. mit diesen Stellen
die von mir (Ostfränk. Gesch. II, 18
A. 46) aus den unteritalischen Chro-
nisten gesammelten. in denen überall
die Spoletiner Franken heissen (s. auch
eb. S. 253 A. 59). (4) In def. Form.
I c. 1, 4. (5) De ordinat. c. 39;
vgl auch die Beziehung auf Konstantinopel in def. Form. I c. 5. (6)
Vita S. Athanasii c. 1 (Muratori scr.
rer. Ital. II', 1052): Neapolis . . ita
praepotens et amoena est in structurae
scil. munitionibus, situ suburbano et
christicolarum interius degentium religione, ut in Hesperia post Romanam
urbem nulli reperiatur esse inferior.

denn namentlich die Neapolitanischen Heermeister trotz aller päpstlichen Abmahnungen wiederholt Bündnisse mit den Saracenen schlossen. Hier also mochte Auxilius am sichersten seine Ansichten und sein Recht auch gegen den heiligen Vater mit Freimut und Unabhängigkeit verfechten, während die reichgesegnete Stadt, der gepriesene Sitz der Mildthätigkeit und erbarmenden Liebe[1] dem nordischen Fremdling gern eine gastliche Zelle und geistliches Brot gewährte.

Fragen wir ferner nach dem Zeitpunkte der Abfassung unserer Schriften, um darnach die Lebenszeit des Autors zu ermessen, so steht zunächst im Allgemeinen fest, dass er in ihnen allen gegen die Beschlüsse der von Sergius III berufenen Synode kämpft, der er selbst seine Mitwirkung[2] trotz der päpstlichen Ladung versagt hatte. Wann diese Synode zusammentrat, ist leider anderweitig nirgend überliefert. In der ersten und zweiten Streitschrift unseres Codex wird Sergius als regierender Papst ausdrücklich genannt, ja z. Th. angeredet,[3] noch deutlicher aber heisst es in den im Anhange der ersten folgenden geschichtlichen Bemerkungen über die Päpste, dass damals seit Johann VIII, d. h. seit 882, 26 Jahre verflossen seien. Hieraus folgt, dass die Abhandlung In defens. Formosi im J. 908 verfasst sein muss. Unmittelbar an dieselbe schliesst sich die Verteidigung Stephans, die wir schon deshalb nicht viel später setzen dürfen, weil dieser Bischof von Neapel, dessen Tod unlängst erfolgt sein soll, bereits vor dem J. 907 starb.[4] Von den beiden andern schon länger bekannten Schriften des Auxilius nennt die eine in ihrer erweiterten Gestalt die Kaiser Leo und Alexander als lebende Personen[5] und fällt mithin vor 912, beide

---

(1) Ib. c. 5 (p. 1054): in qua etiam indigenae et inquilini non circumcundo domos in peregrinorum habitu stipem publice expetunt, sed loco, quo commorantur, omnia necessaria, quae desiderant animo, abundantissime percipiunt; c. 6: ciuitas haec ciuitas misericordiae et pietatis est, hinc inde uallata omni bonitate. (2) Inf. et Def. c. 12 (p. 45): Inf. Apostolicus pontifex uocauit te ad synodum, tu uero iussionem eius contemnens occurrere noluisti. Def. Si aliquando ad

uocem lupi cucurrit ouis, et ego ad synodum illam occurrere debui. (3) In defens. Form. I c. 3 u. a a. O., In defens. Steph c. 4 (4) Ib c. 1 Dass Stephan vor 907 starb, geht aus einer Urkunde seines Nachfolgers Athanasius III aus diesem Jahre hervor, welche Ughelli (Italia sacra VI, 124 —126) fälschlich unter das J. 937 stellt, vgl über die richtige Zeitbestimmung Aless di Meo annali del regno di Napoli V. 130—133. (5) C. 39. In der Zeitbestimmung folge ich Krug

geben überdies[1] den seit den ersten Weihen, d. h. seit der Thron-
besteigung des Papstes Formosus verflossenen Zeitraum auf ohngefähr zwanzig Jahre an, wodurch wir auf das Jahr 911 geführt
werden, oder, wenn wir es nur mit einer runden Summe zu thun
haben, auch wohl auf eines der vorhergehenden. Der Bischof Leo
von Nola gewährt uns, im übrigen völlig unbekannt, keinen An-
haltepunkt für die Zeitrechnung.

Noch eine andere Erwägung leitet darauf hin, alle vier Streitschriften des Auxilius ihrem Ursprunge nach nahe zusammen zu
rücken. Dieselben sind nämlich sämtlich, wie aus gelegentlichen
Andeutungen sich ergibt, Erwiederungen auf die Angriffe eines ab-
sichtlich ungenannten litterarischen Gegners.[2] Wir erfahren, dass
dieser wie Auxilius ursprünglich ein Vorkämpfer der Formosianer
war und ihre Sache in zwei Schriften verteidigte, von denen die
eine in Apulien, die andere geraume Zeit nachher in Neapel verfasst wurde, später aber trat er zur Partei des Sergius über, der
ihn eidlich verpflichtete,[3] nunmehr mit allen Kräften seine früheren
Genossen zu bekämpfen. Seinen Abfall zu beschönigen, erklärte
er jetzt lügnerischer Weise sein früheres Auftreten für erzwungen.
Nach einer vielleicht später hinzugefügten Stelle überlebte Auxilius
diesen seinen Widersacher.[4]

Sehen wir uns die Persönlichkeit unseres Autors näher an, so
ist vor allem seine kühne und unabhängige Gesinnung rühmend
hervorzuheben, die ihn bei aller Ehrfurcht vor der Heiligkeit des
päpstlichen Stuhles oder vielmehr gerade wegen dieser Ehrfurcht

(Chronologie der Byzantier S. 9,
92)

(1) De ordinat. c 28: Qua de rê,
qui praefatam ordinationem falsam et
inanem esse uel fuisse confingunt . .
quid aliud quam Italie regiones longe
lateque ecce iam circiter uiginti annos
absque christiana religione nixisse
garriunt; Inf. et Def. c. 14: sub huiuscemodi occasione cogitis me negare
sacerdotium, quod ecce iam circiter
uiginti annos per totam Ausoniam
domini saluatoris regit ecclesiam. Diese
gleichlautende Zeitbestimmung bestätigt unsere obige Ansicht über die
Zusammengehörigkeit beider Schriften.

Auxilius und Vulgarius.

(2) Dass er seinen Namen nicht nennen wolle, sagt Auxilius In def. Form.
II c. 8, De ordin. c. 43 gegen Ende.
(3) Inf. et Def. c. 32: Inf. Calcata re-
uerentia .. me periurium incurrere asseris in eo, quod iureiurando spopondi,
ut secundum meum posse ordinationem,
quam Formosus fecit, subuertam. . .
Def. . . iam non inuitus, sed quibusdam placere desiderans iurasti, ut
eamdem ordinationem secundum tuum
posse subuertas. Auf diese Verpflich-
tung bezieht sich auch c. 11 und De
ordin. 30, 31.   (4) De ordinat.
c. 43 am Schlusse, vgl. am Anfange,
wo von seinen Schriften die Rede ist

3

dennoch den herbsten Tadel gegen seine unwürdigen Inhaber und
ihre Verkehrtheiten aussprechen lässt. In diesem Geiste wagte er
es trotz der päpstlichen Exkommunikation Messe zu lesen,[1] weil er
die ihm rechtmässig ertheilte Priesterweihe für unvertilgbar hielt
und erwartete Erlösung der Kirche aus den sie zerrüttenden Wirren
nur von dem Himmel und einem allgemeinen Konzile, nicht von
den Nachfolgern Petri. Die Schriften des Auxilius empfehlen sich
ferner durch ihre im Ganzen klare und reine Sprache, durch Leben-
digkeit und rednerischen Schwung der Darstellung, obwohl andrerseits, wie er selbst eingesteht, ihre Breite und vielfache Wieder-
holungen ermüden.[2]

Von klassischen Anklängen finden sich fast nur ein paar Citate aus Vergil,[3] dagegen ist der Verfasser in der Bibel wohl-
belesen.[4] Er kennt aus verschiedenen ihrer Schriften die wich-
tigsten Väter der lateinischen Kirche,[5] zumal Augustinus, Hieronymus,
Gregor den Grossen, Isidor, Optatus von Mila, ferner Hilarius von
Poitiers, Sulpicius Severus, Prosper von Aquitanien und Gregor
von Nazianz. Für die Kirchengeschichte[6] lagen ihm Cassiodors

---

(1) Inf. et Def. c. 14: Inf. Quomodo
paruipendens apostolicam excommunicationem celebrare missarum solemnia
praesumpsisti? Def. Illa equidem excommunicatio, quae ad sacrilegium
committendum pertinet, pro nihilo ducenda est et nullatenus observanda.
Auch die hist. littéraire de France (VI,
122—127) rühmt an ihm, dass er
avec beaucoup de liberté rede.   (2)
Ib. c. 15: Inf. Hanc apostoli sententiam ecce iam bis obiicere non uitasti.
Def. Si quando necessitas incumbit,
non dico bis aut ter, sed etiam cen-
ties unum idemque testimonium sini-
stris argumentationibus fidenter oppo-
nam nec immerito; agonista enim
contra diuersa inimicorum iacula uno
utitur clypeo.   (3) Er citiert am
Schlusse von de ordin. Aen. XI, 104,
in dem Inf. et Def. c. 30 Aen. III, 41,
42.   (4) Die Abweichungen von
der Vulgata weisen hie und da auf
ältere Uebersetzungen der Bibel hin,
scheinen aber doch vorwiegend nur
durch Ungenauigkeit veranlasst.   (5)

Von Augustin werden benutzt: Schreiben an den Bisch. Auxilius, de natura
boni contra Manichaeos, de baptismo
contra Donatistas, de correptione et
gratia, contra litteras Petiliani, contra
Parmenianum donatistam und Sermo
in festivit. S. Laurentii; von Hieronymus dialog. advers. Luciferianos,
epist. ad Damasum, commentarii in
Matthaeum; von Gregor einige Schreiben des Registrum und Homilien, von
Isidor synonyma und sententiar., von
Optatus de schismate Donatistarum,
von Hilarius contra Constantinum imperatorem, von Sulpicius eine Stelle
aus der V. b. Martini, von Prosper
ein Distichon aus den Sentenzen, von
Gregor von Nazianz sein Leben und
Homilien.   (6) Auxilius schöpfte
nicht, wie Morinus (p. 286) am Rande
seiner Ausgabe bemerkt für c. 2, 3 de
ord. aus der Kirchengesch. des Sokra-
tes unmittelbar, sondern nur mittelbar
durch Cassiodor. Daher ist auch die
Anführung des Eusebius entlehnt. Von
dem liber pontificalis kannte er die

historia tripartita und die römischen Papstleben vor, sowie die
Akten des h. Genesius; auch aus der Chronographie des Theophanes
wird eine Stelle angeführt. Für das Kirchenrecht bezieht er sich
theils auf die echten Konzilienakten und Dekretalen nach der Dio-
nysischen Sammlung, theils und hauptsächlich aber auf Pseudoisidor.
Besonders die letzteren, z. Th. aber auch die andern Citate, z. B.
die Bibelsprüche, zeichnen sich durch grosse Ungenauigkeit in der
Wiedergabe des Wortlautes aus, als ob sie nur auf dem Gedächtnis
beruhten, einmal findet sich sogar ein ganz fremdartiger Zusatz.[1]
Ob Auxilius mit der griechischen Sprache vertraut war, ist nicht
klar zu ersehen.

Von den vier Schriften unseres Autors wird als die inter-
essanteste ohne Zweifel die erste von uns neu herausgegebene gelten müssen, weil sie am meisten geschichtliche Thatsachen enthält
und den persönlichen Antheil des Verfassers am lebendigsten her-
vortreten lässt. Ganz arm an historischer Ausbeute ist die Schrift
über die Weihen, die, fast ganz aus Beweisstücken zusammenge-
setzt, nur in ihrer jetzt mitgetheilten weiteren Redaktion, die einer
etwas späteren Bearbeitung anzugehören scheint, einige Aufklärung
bietet. Weit persönlicher in seiner Haltung und darum ergiebiger
ist hingegen der in Form eines Zwiegespräches verfasste Infensor
et Defensor, durch den Auxilius die bischöfliche Würde des ihm befreundeten Leo von Nola in Schutz nimmt.[2]

Näheres Eingehen erheischt noch die Verteidigung des Bischofs Stephan von Neapel, die uns eine Reihe neuer Thatsachen lehrt. Wenn dieser Schrift ein zustimmendes Schreiben
von zwei Geistlichen aus Benevent, einer durch ihre gelehrten
Männer ausgezeichneten Stadt,[3] angehängt ist, so glaubte Ross-

V. Symmachi, Liberii, Stephani IV.
Ueber Theophanes s. die Beschreibung
der Handschrift. Die Uebersetzung des
Auxilius stimmt zwar ziemlich gut mit
dem griechischen Urtexte, keineswegs
aber mit der lat. Version des Anastasius überein und ist also von dieser
unabhängig.
(1) In def. Form. I c.5 zu Pseudo-
fabian vgl. Decr. Damasi c.19 p. 505.
Morinus (p. 307) bemerkte zu einer

in dem inf. et def. c. 31 angef. Stelle
des Pseudo-Calixtus, dass sie sich nicht
vorfinde, aber mit Unrecht, s. Calixt.
ep. c. 3, 16 p. 136, 140. beide Stellen
freilich überaus ungenau citiert.   (2)
Schreiben an Leo (p. 40 ed. Mabillon):
Missa legatione asseris te uiolentas
pati oppressiones, ut episcopale sacerdotium quod olim a papa Formoso
suscepisti, quasi nihil sit, irritum fa-
cias.   (3) Ib.: Qua ex causa fa-

hirt[1] in einem von beiden, Rodelgrim, den Namen des ungenannten
Autors der nachfolgenden Sammlung entdeckt zu haben, auf welche
dieser Brief doch gar keinen Bezug hat: ich kann darin nur ein Gut-
achten sachverständiger Freunde finden, welches Auxilius zur Stütze
seiner Auffassung eingeholt hat. Dass dasselbe aber, wie die Ueberschrift lehrt, nach Neapel geschickt wurde, verstärkt unsere oben
ausgeführten Gründe für diesen Ort als Wohnsitz des Auxilius.

Stephan ist bekannt als jüngerer Sohn des Heermeisters Sergius von Neapel und seiner Gemahlin Drosa und als Bruder des h.
Athanasius.[2] Der Gastalde Landolf von Sessola, Sergius Schwieger-
sohn, bei dem er sich nachmals aufhielt, war mithin sein Schwa-
ger.[3] Die gelehrte Bildung, welche an Sergius selbst, an seinem
dem Laienstande angehörigen Sohne Gregor und an Athanasius
gerühmt wird,[4] empfieng sicherlich auch Stephan: die griechische

teris te.. Beneuentanae ciuitatis peri-
tos consuluisse uiros eorumque con-
sulta apud te scripta retinere; Chron.
Salernit. c. 122 (Scr III. 531): triginta
duobus philosofis illo in tempore (sc.
Lodoguici II) Beneuentum habuisse
perhibetur, angef. von Giesebrecht (De
litter. studiis ap. Italos p. 15). Das
Kloster des h. Modestus zu B., dem
Rodelgrim angehörte, bestand schon
im 8. Jahrh., s. Leonis chronic. Casi-
nens. l. I c. 9 (Scr. VII, 587).

(1) Kirchenrechtl. Quellen S. 18. 27.

(2) Auxilius erwähnt nur die Herkunft Stephans aus Neapel (c. 2).
In der V. S. Athanasii c. 5 heisst es
von den Kindern des Sergius: duo
uero episcopale sortiuntur ministerium.
c. 25: uir sanctus..Surrentum deuenit. Quadam uero die dum in eadem
urbe cum Stephano episcopo fratre
suo resideret etc. (Muratori scr. rer.
Ital. II², 1055, 1063). In einer Urk.
vom J. 907 erwähnt der Konsul Gregor einen Beschluss, den er una cum
dompno Stephano sanctissimo episcopo
patruo nostro ausgeführt (Ughelli It.
sacra VI, 125). In der Inuentio S.
Sossii (Acta sct. Sept. VI, 879) sagt
St.: domnus Athanasius episcopus
sanctae memoriae germanus meus. (3)
Auxilius (c. 1) nennt Landolf einen
cognatus (cognato it.) Stephans. Dies

bestätigt Erchempert c. 27: Sergius
mag. mil... misit duos liberos suos..
et Landulfam generum suum Suessu-
lanum; c. 23: (Landolfus) annitente
sibi Sergio mag. mil., quia socer erat
illius, nunc usque retinet eam (sc. Suessulam.) (4) Schon Athan. Vorgänger Johann schrieb so schön, dass
er ab omnibus Iohannes Scriba uoca-
retur und codices uero manu propria
utiles et plures descripsit (Ioh. Diac.
chron. episc. Neapol., Acta sct Apr. I,
32. 33). Von Sergius sagt die V. S.
Athan. c. 7: literis tam Graecis quam
Latinis fauorabiliter eruditus est, so
dass er geläufig aus einer Sprache in
die andere übersetzte, von Gregor c. 8:
in Graeca Latinaque lingua peritissi-
mus, von Athan. c. 9: proficientem
quotidie in ..literarum eruditione, c.12:
Grammaticam prius in pueritia et post
in pontificatus honore perfectissime
didicit: diuini uero dogmatis peritia ita
erat instructus, ut in Latino nulli foret
secundus: Iohann. Diac. chron. episc.
Neap. c. 2: ordinauit autem lectorum
et cantorum scholas, nonnullos instituit grammatica imbuendos, alios colli-
gauit ad scribendi officium; c. 5 in
die bischöfliche Biblioth. stiftete er tres
Flauii Iosephi codices (Muratori scr.
II², 1016, 1047, 1055 1057).

und lateinische Sprache waren in Neapel neben einander im Gebrauche und mussten daher der dortigen Geistlichkeit gleich geläufig
sein.[1] Als Bischof von Sorrent wird Stephan um 871 genannt
zu der Zeit, da Athanasius aus seinem Bischofssitze durch die Härte
seines Bruders Sergius vertrieben, bei ihm eine Zuflucht fand.[2]
Seine eigene Vertreibung aus Sorrent, deren Gründe unbekannt
sind, mag in eines der nächsten Jahre fallen: Zeugnis davon gibt
auch ein Schreiben Johanns VIII vom 18. Dez. 876 an den Her-
zog Waifar von Salerno, welches die Sendung des Verbannten nach
Rom fordert und Befremden darüber äussert, dass dieselbe noch
nicht erfolgt sei.[3] Durch die Saracenen aus Sessola verjagt,[4] gelangt Stephan schon unter der Regierung seines Neffen Athanasius II
d. h. nicht vor Ende des Jahres 877 wieder nach Neapel, doch
nur um abermals seinen alten Widersachern weichen zu müssen.
Der Besuch Johanns VIII im unteren Italien, auf dem Ende 879
oder Anfang 880 das Zusammentreffen mit Stephan erfolgte, ist
durch die bei dieser Gelegenheit verfügte Theilung des kapuanischen
Bisthums auch sonst bekannt.[5] Als Bischof von Neapel endlich, dessen
Identität mit dem gleichnamigen Bischofe von Sorrent bisher ver-
borgen war, erscheint Stephan sonst nur bei der unter seiner Mitwirkung statthabenden Uebertragung der Gebeine des h. Severin
von Lucullano nach Neapel am 13. Oktober 902, da man bei An-
näherung des muhammedanischen Fürsten Ibrahim jene Feste zu
zerstören beschloss.[6] Ueber die von Auxilius erwähnten Kämpfe

(1) V. S. Athan. c. 5: laici simul
cum clericis assidue Gracce Latineque
communi prece psallunt deo, c. 20:
Graeca Latinaque pars sacerdotalis;
Transl. S. Athan. c. 7: utriusque lin-
guarum . . suaui modulatione (ib. 1054,
1061. 1068). (2) V. Athan. c. 25,
Ioh. Diac. chron. Neapol. c. 9: Athanasius episcopus . . illico Surrento
egressus, wohin ihn nach c. 8 Ludwig
II hatte führen lassen (ib. 1046, 1063).
(3) Mansi XVII, 25 (J. 2303): Episcopum interea Surrentinum siue per
terram siue per mare profectum, quia
iam minus recepimus, haud parum
moleste tulimus: et nisi ocius mitta-
tur, molestius non immerito sustine-

bimus. At uero si ad nos indifferenter
fuerit destinatus, tunc magna et solita
deuotionis tuae recognoscemus indicia
et pure profecto circa pontificium nostrum dilectionis tuae sole clarius pate-
bunt insignia. (4) Die Zerstö-
rung dieser Stadt erwähnt Erchempert
c. 48 (Scr. III, 256), doch bleibt der
Zeitpunkt unklar. (5) S. die
Zeugnisse bei Jaffé reg. pontifie. p.
284—85. (6) Ioh. Diaconi transl.
S. Seuerini (Acta sct. Ianuar. t. I, 1100,
Muratori scr. rer. It. I¹, 271) c. 3: Gregorius itaque consul Neapolitanus . .
multa super castello Luculli cogitans
et super eius incolis multa iniit con-
silia cum Stephano episcopo et ceteris

der Neapolitaner und Kapuaner zu Anfang des zehnten Jahrhunderts
finden sich auch anderweitige Andeutungen,[1] wiewohl im übrigen die
neapolitanische Geschichte dieses Zeitraumes in das tiefste Dunkel
gehüllt ist,[2] in welches auch aus dieser Quelle nur einige schwache
Lichtstralen fallen.

potentibus etc., vgl. übrigens Mich.
Amari (Storia dei musulmani di Sici-
lia II, 90 flg.), wo die richtige Zeitbestimmung, die auch schon Meo (annali di Napoli IV, 330) gefunden hatte,
während andre, z. B. Ughelli dies Ereignis viel zu spät setzen. Hierauf
bezieht sich auch die Notiz einer
Bamberger (ital.) Handschr. (Scr. III,
548 n. 53), welche Amari (a. a. O. S.
84 A. 1) für einen Auszug aus der
Transl. S. Sever. hält, eigenthümlich
ist aber jedenfalls die Zeitangabe:
Anno igitur ab incarn. dom. nongen-
tesimo secundo ind. V. III Id. Oct.
regnantibus Leone et Alexandro au-
gustis residenteque quarto Benedicto
Romano pontifice, Parthenopense duce
Gregorio et Stephano tercio episcopo
etc.

(1) Schon 896 kämpften sie mit einander, quoniam crebro inter eos lolium
pullulat, 905 wurden die Kapuaner
von den Neapolitanern geschlagen
(Chronica S. Bened., Scr. III, 205, 206).
(2) Der gefälschte Ubald hat daher
weislich zwischen den J. 886 und 916
eine Lücke.

IV.

EUGENIUS VULGARIUS.

Die beiden letzten Streitschriften unseres Codex, von denen
nur die eine bisher ungedruckt war, lassen uns über ihren Urheber
nicht im Zweifel, denn er wird sogleich in der Ueberschrift beider
Eugenius Vulgarius genannt. In der zweiten dialogischen, die der
Vorrede nach auf den Wunsch eines Diakonus Petrus unternommen
wurde, spricht der Verfasser davon, dass er über diesen Gegenstand schon mehrfach gehandelt habe,[1] womit zum Theil auch jene
erste Schrift gemeint sein mag. Während in der zweiten jede An-
deutung fehlt, aus der sich eine Vermutung über den näheren Zeitpunkt ihrer Abfassung schöpfen liesse, enthält die andere wider-
sprechende Angaben. Sie gibt sich nämlich zunächst als Bericht
von einer Pariser Synode, die im siebzehnten Jahre der Regierung
Karls des Einfältigen, d. h. etwa 910 versammelt über die neue-
sten päpstlichen Massregeln gegen die Formosianer in Berathung
tritt. Diese angebliche Synodalverhandlung ist aber offenbar nur
eine Maske, die der Verfasser selbst bald genug fallen lässt. Jene
Zeitangabe wird dadurch völlig in die Luft gestellt, dass gleich
darauf von dem Konzile von Ravenna im J. 898 in der Weise
Erwähnung geschieht, als sei es im vorhergehenden Jahre abge-
halten worden. Da indessen später auf Ereignisse aus der Regierung des Papstes Sergius angespielt wird,[2] so ist gar nicht zu be-

---

(1) Cod. Bamb. f. 103': Quod re-
spondeam non inuenio: totum enim
responsum est. Uerborum enim copia
frustra perstrepere uitium est, praesertim cum apostolus breui clausula
responderit: Si quis aliud euangeli-

zauerit etc. Iam enim pudet fatuitatis. Quid igitur prodest tot membra-
nas occupare et de exemplaribus ple-
nariis quotidie capitularia in tomis
transferre, cum desit auditorium etc.
(2) Vulg. erwähnt c. 11 das unglück-

zweifeln, dass die Veranlassung zu dieser Schrift und wahrscheinlich auch zu der andern die nämliche war, die Auxilius bewog die
Feder zu ergreifen.

Den Namen unseres Autors möchte ich keinesfalls für erdich-
tet halten, weil er sich auch in seinen Briefen Vulgarius nennt.
Als Italiener dürfen wir ihn ansehen, denn es weist nichts in seinen Schriften auf einen fremden Ursprung hin. Zum Vorkämpfer
der Formosianer würde er sich wohl schwerlich aufgeworfen haben,
wenn nicht auch er von Formosus geweiht worden wäre. Die
Briefe, Gedichte und Lehrstücke, welche unser Codex von demselben Verfasser[1] ausser den Streitschriften enthält, gestatten uns noch
einige weitere Schlüsse auf die Persönlichkeit des Vulgarius. Ohngefähr auf den gleichen Zeitpunkt weisen die Namen des Papstes
Sergius III (904—911), der Senatorin Theodora, des griechischen
Kaisers Leos des Weisen (gest. 912), der Bischöfe Athanasius III
von Neapel (etwa 907—915) und Petrus von Salerno (887—914),[2]
des Herzogs Atenolf von Benevent und Kapua (900—910)[3] und
des Neapolitanischen Heermeisters Gregor (etwa 900—917),[4] während einige andere Freunde des Dichters, wie der Bischof Vitalis,
der Diakonus Johannes,[5] der Mönch Benedikt unbekannt bleiben.

liche Ende der Päpste Leo und Christophorus als unlängst erfolgt und
c. 15 wird an die Verdrängung des
P. Sergius durch Johann IX erinnert.
(1) Der Name des Autors ist meist
genannt, s. auch auf f. 7' Sermones
interpretati. Quis pro qualis et pro
quantus inuenitur, qualis uero et quantus non pro quis et meonmiter (?) fit
interrogatio. Quid sit, ut quid est
Ulgarius? animal. Quale sit: ratio-
nalis uel stultus uel rusticus uel cal-
uus. Quomodo se habet: aut sedet
aut leget et cetera. (2) Die Zeit
Athanasius III wird durch 2 Urk. aus
den J. 907 und 915 (bei Ughelli von
937 und 960 datiert!) bestimmt vgl.
darüber di Meo annali di Napoli V,
130, 169. Ueber Petrus s. ann. Benevent. 887, 914: Obiit Petrus episcopus (Ser. III, 171, 175). (3) Ib.
900, 912; Ann. Cavens. 900: Atenul-
fus magnus princeps; 910; Chron. S.

Benedicti (Ser. III, 188, 202, 206);
Leonis chron. Casin. 1. I c. 50—52.
(4) Köpke (Pertz Archiv IX, 89) bemerkt: „Gregors Regierungsantritt
fällt in den Sept. 902, wie Meo annali di Napoli V, 110 dargethan hat."
Leider sind die Beweise für diese Annahme a. a. O. sämtlich aus Ubald
hergenommen, dessen Unechtheit gerade durch Köpke erwiesen worden
ist. Gr. wird zuerst bei der Transl.
S. Sever. i. J. 902 erwähnt (s. oben
S 37), dann in einer Urk. v. J. 907
(Ughelli It. sacra VI, 124), zuletzt 916
bei dem Feldzuge gegen die Saracenen am Garigliano (Leonis chron. Ca-
sinens. I c. 52 vgl. c. 50, Ser. VII,
616), die Dauer seiner Herzogswürde
wird in einem Verzeichnis auf 16 J.
10 M. 10 T. angegeben (Ser. III, 212).
(5) Bei dem Leviten Johannes, dem
V. ein Gedicht widmet, könnte man
vielleicht an den Neapolitan. Diakonus

Aus den Beziehungen zu diesen Personen sowie aus dem bestimmten Gegensatze, in welchen der Autor sich zu den Römern und Rom stellt, ist ferner zu folgern, dass er jedenfalls in Unteritalien und zwar vermutlich in Neapel gelebt hat, woselbst die poetische Verherrlichung des byzantinischen Kaisers, in der Hoffnung auf goldenen Lohn, nicht auffallen kann.[1]

Aus den seltsamen, man möchte sagen greisenhaften Wendungen der Briefe des Vulgarius ergeben sich nun die Thatsachen, dass er wegen seines Verhaltens vom Papste gebannt in stiller Zurückgezogenheit, vielleicht in einem Kloster lebte, von wo ihn Sergius mit freundlichen Worten und Verheissungen einlud, zu ihm nach Rom zu kommen. Er aber, von dieser Ladung irgend ein schweres Unheil gewärtigend, versuchte derselben durch demütige Bitten und Entschuldigungen sowie durch die Verwendung des ihm befreundeten Bischofs Vitalis auszuweichen und abwesend den päpstlichen Segen und die Absolution zu erlangen. Ueber den weiteren Verlauf dieser Angelegenheit wissen wir leider nichts, wohl aber sind uns mehrere Gedichte erhalten, in denen dem feindseligen Papste Weihrauch im Ueberschwange gestreut wird.[2] Wunderbar sticht die Kriecherei dieser Verse gegen den kühnen Freimut der früheren Angriffe auf Sergius ab, in denen als einzige Lösung der obwaltenden Wirren gleichfalls ein allgemeines Konzil erscheint und sogar die vermessene Forderung aufgestellt wird, dass der wahre Nachfolger Petri nicht bloss die Rechte, sondern auch die Tugenden Petri erben

Johannes denken, der die Bischofschronik bis 872 und die Uebertragung des h. Severin schrieb.

(1) Die Erklärung der Pyramide f. 3 schliesst: denique nomen sanctae dominationis diui augusti, quod huic triangulae figurae inseparabiliter tribus lineis insertum est, id designat, quod sublimitas tanti imperatoris tripertitum orbem ui fortitudinis suique sapientiae omnia domando penetret. Diuinitus enim actum est, ut orbem tribus partibus subsistentem nomen tribus elementis constans siui glorioso subderet imperio. (2) In dem aus 34 Hexametern bestehenden Akrostichon (f. 12) lautet V. 24 fig.: Imploramus

iam dominum solito misereri, | Sergius ut sanus, sospes letos ueat annos, | maior sit magnis et maximus almificorum und das auf f. 12' sich anschliessende Gedicht an ihn beginnt: Solo tu nutu natis ediceris unus | a uero diuo factus mirabilis actu ! lux eoi pyr necron illaberis orbem etc., die Erklärung dazu: Denique quia instar organici psalterii formula haec uersuum paret, quod in modum deltae litterae est d ad hoc innuit, quia par erat, ut diuus diuinis mulceretur laudibus. Nam quia mundus decem uerbis clauditur contraque et decem uerbis scribitur....

müsse. Sind jene Gedichte als ein blosses Mittel der Beschwichtigung für den erzürnten Gebieter aufzufassen oder legen sie Zeugnis von der vollständigen Unterwerfung eines früheren Widersachers unter die Macht des päpstlichen Stuhles ab? Für die letztere Auffassung könnte das zugleich schmeichelnde und erbauliche Schreiben an Theodora, die Gemahlin des römischen Consuls und Senators Theophylaktus[1] sprechen, welches an diese mächtige Freundin des Sergius wohl kein in der Ungnade des Papstes lebender Verbannter zu richten gewagt haben würde. Das Misgeschick, dem Vulgarius in Rom zu erliegen fürchtete, bestand ohne Frage darin, dass man ihn gegen seine bessere Ueberzeugung durch moralischen Zwang nöthigen würde, ebenfalls die Formosianer und ihre Weihen zu verdammen. Sobald man, wie es der ungenannte Gegner des Auxilius that,[2] den unbedingten Gehorsam gegen den augenblicklichen Inhaber des apostolischen Stuhles als höchstes Gebot der Kirche erachtete, konnte freilich jeder Widerruf früherer Meinungen hiedurch gerechtfertigt werden.

Einen weiteren Einblick in die Geschicke des Vulgarius würden wir gewinnen, wenn wir ihm die von Bianchini ohne den Namen eines Verfassers veröffentlichte Invektive gegen Rom zuschreiben dürften, die mit seinen Schriften jedenfalls in engem Zusammenhange steht. Eine Reihe von einzelnen Sätzen nämlich werden hier grossentheils wörtlich aus der von uns so betitelten Schrift De causa Formosiana wiederholt und zwar in einer Weise umgestellt oder verwendet, die an einen blossen Abschreiber zu denken verbietet.[3]

(1) Vgl. über die ältere Theodora, nach Liudprand die Schwiegermutter des P. Sergius, Koepke de vita Liudprandi p. 90 n. 4. Giesebrecht Gesch. der deutschen Kaiserzeit I, 364. (2) Ich habe einen Augenblick daran gedacht, ob nicht möglicher Weise dieser ungenannte Gegner und Vulgarius eine und dieselbe Person sein möchte, so dass die beiden in unserer Handschrift enthaltenen Streitschriften für Formosus eben die wären, auf welche Auxilius de ordin. c. 43 hinweist. Dazu würde die Bezeichnung scolasticus gut stimmen, die er ihm beilegt und die Briefe und Gedichte be-

zeichneten dann den Abfall von der Sache des Formosus. Abgesehen davon aber, dass Vulg. mehr als zwei Schriften in jenem Sinne verfasst zu haben scheint, so spricht gegen obige Annahme vorzüglich der Umstand, dass er als mutmasslicher Verfasser der Invektive die Regierung Johanns X noch erlebt haben müsste, während Auxilius, der doch unter Sergius III schrieb, von seinem Widersacher als einem bereits Verstorbenen redet. Völlig sicher sind diese Schlüsse freilich alle nicht. (3) In unserer Ausgabe ist überall auf die Parallelstellen der Inv. verwiesen.

Wenn wir hiedurch auf Vulgarius geführt werden, so muss es allerdings unser höchstes Befremden erregen, dass derselbe Mann, der sich vor Sergius so schimpflich erniedrigt hatte, unter Johann X (914—928), dessen Rechtmässigkeit er zu bestreiten wagte, wenige Jahre später noch einmal mit alter Heftigkeit für die Formosianer eintritt. Denn dass die Invektive erst unter diesem Papste verfasst worden ist, der demnach den Standpunkt seines Vorgängers Sergius vollständig wahrte, geht aus dem Schlusse deutlich hervor.[1] Um diese Räthsel noch zu vermehren, finden wir aber in der Invektive zwei längere, in den andern Schriften des Vulgarius nicht wiederkehrende Stücke, die wörtlich gleichlautend bei Auxilius vorkommen. Wenn das eine von beiden aus einer gemeinschaftlichen Quelle, Cassiodor und Pseudo-Anterus geschöpft sein könnte,[2] ist das andere eine allem Anscheine nach von Auxilius selbständig gemachte Zusammenstellung derjenigen Bischöfe, die, nachdem sie aus irgend einem Grunde abgesetzt worden, von Päpsten nachmals in ihr Bisthum wieder eingesetzt wurden.[3] Hier bleibt also nur die Wahl, entweder anzunehmen, dass der Verfasser der Invektive geradezu aus Auxilius jene Beispiele entnommen hat oder dass beide Eine Person sind. Wiewohl sich einige 'scheinbare Gründe auch für die letztere Voraussetzung anführen liessen und natürlich in der Art der Beweisführung sowie in dem Endziele aller dieser Schriften eine wesentliche Uebereinstimmung obwalten muss,[4] so ist

(1) A. a. O. p. LXXIV: Iohannem (abusiue tuae sedi praeest).. qua relicta sanctam Romanam et apostolicam ecclesiam nefariis ausibus usurpauit. Et nunc pro libitu suo uult soluere et ligare et uelut lucifer ille . . . ., catholicam et uniuersalem ecclesiam uult excommunicare et iustiores et sanctiores se quaerit anathematizare; vorher p. LXXII heisst es: ab ipso Ioannis tempore, qui ante tricennium defunctus est und p. LXXIII: totus pene mundus per annos triginta in ruina positus est, wodurch wir ohngefähr auf das J. 912 oder eines der folgenden geführt werden. (2) Dies Stück beginnt p. LXXI und wird nach längerer Unterbrechung p. LXXIII voll-

endet vgl. oben S. 20, 35. (3) Inv. p. LXXIII. Das Verzeichnis endet mit Rothad, ohne den von Auxilius (Inf. et Def. c. 21, In def. Form. I c. 6) aufgeführten Soffren (Suffrid) v. Piacenza zu erwähnen, dagegen wird selbständig noch der Bischof Zacharias von Anagni eingeschoben und der Erzb. Ansbert v. Mailand hinzugefügt. Alles übrige stimmt wörtlich. (4) Mabillon, der von Vulgarius nichts wusste, wollte daher die Schrift desselben in defens. Form. gleichfalls Auxilius beilegen. Wie bei diesem heisst es dort im Eingange: neminem carpens neminemque reprehendens, nullum certum tangens distribuam tibi etc. Unter den Gründen kehrt na-

doch andrerseits die Verschiedenheit des Stiles unverkennbar und
sticht gegen die reinere und klarere Sprache des Auxilius Vulgarius durch gesuchte Wendungen und ungebräuchliche Worte
nicht zu seinem Vortheile ab.[1] Diese ungleichartige Haltung, wozu
auch noch die fast völlige Nichtberücksichtigung der Kirchenväter
bei Vulgarius kommt, nöthigt uns in Uebereinstimmung mit den
Handschriften zwei verschiedene Autoren festzuhalten und eine Benutzung des Auxilius in der Invektive, der jüngsten dieser Schriften, als wahrscheinlich vorauszusetzen.

Was uns von Vulgarius vorliegt, zeigt ihn als einen in der
antiken wie in der kirchlichen Literatur wohlbewanderten Mann:
er citiert Cicero,[2] Lukan, Vergil, Juvenal, Petronius Arbiter,[3] Martianus Capella,[4] Boethius, Ennodius, Augustinus.[5] Griechische Worte
werden von ihm angeführt und erklärt. Er kennt ferner die antiken Versmasse in grosser Vollständigkeit, versucht sich in allen
nicht ohne eine gewisse Gewandtheit und zeigt namentlich eine

---

mentlich der wieder, dass Rom bei
der Wahl des Formosus nicht habe
Gewalt erleiden können.
(1) Ein bewusster Gegensatz scheint
darin zu liegen, dass Vulg. in der Vorrede in defens. ausdrücklich schreibt:
distribuam tibi .. sub rhetorico phas-
mate actionales causarum uoces, quarum intentione et repulsione quis sibi
ueritatis palmam acquirat, possis ui-
gilanter discernere und nun streng
logisch gliedert, Aux. dagegen an Leo:
non hic syllogismorum quaeratur arcta
conclusio, non perihermeniaca subti-
litas, utpote qui discipuli sumus pi-
scatoris. V. schreibt apostolicalis,
pacificalis, patricialis, realis, canoni-
calis, accidentialis, discriminalis, Ra-
uennalis, actionalis, morigeralitas, ho-
mululus, amphibologicus, anacephaleo-
sis, ypofora, polissemus, obmallare,
cruderare, moderamia, reatitas (von
reatus), antistitare, Romanicus, belli-
gerare, cneruiter, generatim, factiosi-
tas, impectorare u s. w.　(2) In
def. Form. (p. 29 ed. Mabillon): Si-
lent quidem leges inter arma aus Cicero pro Milone c. 4, Lucan. Pharsal.
l. I v. 95 wird f. 11 citiert; auf
Verg. Eclog IX, 53—54 findet sich

eine von Bianchini nachgewiesene Anspielung in der Inv. p. LXX, B. f. 11'
torrere enim immittere plerumque dicitur, ut Virgilius: torrere parant
flammis (Aen. I, 179): aus der Aen. IX,
386 stammt auch wohl die uiuida
uirtus (senatuum) bei Mabillon p. 29;
f. 11': hinc metaphorice torrens torrentior torrentissimus dicitur orator,
qui copiam facultatem fandi prestan-
tissimam superque effluentem diffusim
habet, hinc Iuuenalis ait: torrentior
Iseo id est eloquentior ueloci emis-
sione argumentationis (vgl. Sat. III,
74).　(3) S. f. 5: Petronius arbiter. Iam alumna creperam graeculis
calcem impingere nurit. creperam uel
dubiam unde crepusculum vgl. Petro-
nii satir. c. 46 (p. 24 ed. Büchler):
ceterum iam Graeculis calcem impingit. Ebendaher p. 96 stammt auch
wohl das seltene Wort aumatium.　(4)
S. f. 6 Martianus autem doctissimus
de pentadis numero inter cetera, folgt
eine Stelle aus l. VII § 735 (p. 588
ed. Kopp).　(5) Von Ennodius
wird der libell. apologet. in der Inv.
citiert, von Augustin de civit. dei l.
XVIII c. 8.

unübertreffliche Meisterschaft in akrostichischen Spielereien, Kreuzen, Pyramiden u. dgl., denen er ausführliche Erläuterungen beizufügen liebt. Offenbar sollten diese Verse, wie gerade ihre bewusste Manigfaltigkeit beweist, als Muster und Vorbilder der lateinischen Pfosodie dienen, ja sie mögen theilweise von Hause aus nur für diesen Zweck gedichtet worden sein. Die Beschäftigung mit der Grammatik erhellt aus allerlei etymologischen Anläufen,[1] die Mathematik liefert den Stoff zu mystischen Deutungen von Zahlen und Figuren,[2] Liebhaberei für die Dialektik geht aus einem eigenen Gedichte über die Thesis und Hypothesis[3] sowie aus dem streng logischen Schema hervor, welches Vulgarius der einen seiner Streitschriften zu Grunde legt. Wir dürfen hiernach in ihm ohne Zweifel einen jener Grammatiker oder Schulmeister erblicken, wie sie damals in den italienischen Städten die Jugend in die klassischen Studien einführten.[4] Während einige seiner Nachfolger, wie Gunzo und Stephan von Novara selbst mit ihren Büchern den Pfad über die Alpen zurücklegten, um den nordischen Barbaren von ihrer Weisheit mitzutheilen, fanden lange Zeit nach dem Tode unseres Vulgarius wenigstens seine Schriften den gleichen Weg und harrten Jahrhunderte hindurch geduldig ihrer Auferstehung, um dann freilich einer völlig anderen Bestimmung zu dienen. Diese von wirklichem Inhalte ganz entblössten, gekünstelten und frostigen

(1) S. z. B. f. 7' Caput de differentia calcis. Cals per s de calce, unde fit maceria, calx per x de compedibus, uterque feminini generis, inde calcar neutri a calcaneo; inde et calces feminini. Hinc et callis uia masculini generis. A calle pedis dicitur et calceus masculini et calcearium et calceamentum neutri et caliga femininum. Practer haec unum est aptoton quod est in calce id est in fine. (2) S. z. B. f. 3 Triangula figura in alias figuras non resoluitur, nisi in se ipsa, in trina enim triangula dissipatur. Hacc enim figura princeps est latitudinis et nullis est principiis obnoxia. Sicut enim omnium numerorum unitas principium est, ita omnium figurarum triangula figura initium est et sicut alii omnes numeri ex unitate procreantur et in unitatem resoluuntur: ita et omnes figurae superficiales ex triangula figura nascuntur et in triangulas figuras resoluuntur etc. (3) Auf f. 4', woselbst V. 9 flg. lauten: Dedicat hic nam quadrifidus quin abdicat omne | ordine quadrato uerum falsumque sequestrans, | scilicet aut ex bis iunctis hoc tramite ueris | astruit aut ex bis iunctis hoc tramite falsis | aut ex ueridico primum post hinc quoque falso| aut ex falsidico primum post hinc quoque uero etc. (4) Vgl. über diese Giesebrecht de litterar. studiis ap. Italos p. 15 flg., woselbst p. 27 von den Leistungen Monte Cassinos insonderheit gehandelt wird, Gregorovius Gesch. d. Stadt Rom III, 530, Wattenbach Deutschlands Geschichtsquellen (2. Ausg.) S. 200, 204—205.

Dichtungen nebst den andern prosaischen Lehrstücken und Brocken geben uns somit — und darin beruht hauptsächlich ihre Bedeutung — ein redendes Zeugnis von der eifrigen Fortpflanzung der klassischen und theologischen Studien im unteren Italien, woselbst Neapel, Benevent und Monte Cassino damals sicherlich den Musen eine bei weitem günstigere Stätte boten, als die tief gesunkene Roma, die zum Spotte der Ungläubigen geworden war.[1]

Jenes Rom, dessen Gründer schon in seinen kaum erbauten Mauern sich mit Bruderblut befleckt, das dann von den heiligen Aposteln Petrus und Paulus den einen gekreuzigt, den andern mit dem Schwerte gerichtet hatte, hörte auch jetzt nicht auf gegen seine Wohlthäter zu wüten. Denselben rechtgläubigen und tugendreichen Papst, den es in seinem Schosse grossgezogen und unter jubelnder Zustimmung der Häupter wie der Menge auf seinen Thron gesetzt, entriss es der Grabesruhe, um ein widersinniges und verruchtes Gericht über ihn zu halten. Nicht zufrieden, sein heiliges Andenken gebrandmarkt zu haben, verfolgte es unablässig auch die unschuldige Herde, die arglos von dem wahren Nachfolger Petri die Weihen empfangen, und nöthigte sie entweder zu dem Greuel einer zweiten Weihe oder stiess sie erbarmungslos aus der Gemeinschaft der Kirche aus. Die Stimmen der Unterdrückten aber sollten nicht ungehört verhallen, sondern der gerechteren Nachwelt das Bild der ungerechten Unterdrücker unauslöschlich vor Augen stellen.

---

(1) Die Invect., auf deren Ausführungen ich mich im Folgenden beziehe, citiert den Vers: Nam nisi te Petri meritum — misella fores, aus einem wahrscheinlich von Johannes Skotus (Ioannis Scoti opp. ed. Floss p. 1194) verfassten Gedichte, das aber auch einzeln vorkommt (Muratori antiquit. Ital. II, 147, Cod. Udalrici Babenb. bei Eccard. corp. histor. II. 7.)

V.

BESCHREIBUNG DER BAMBERGER HANDSCHRIFT.

Die Pergamenthandschrift der kön. Bibliothek zu Bamberg P III 20 (Cathedr. K 3) in gross Quart, als Miscellanea canonici iuris in dem Kataloge bezeichnet, wurde etwa gegen Ende des zehnten Jahrh. im unteren Italien, wie Inhalt und Schrift bezeugen, geschrieben. Sie besteht aus 115 Blättern, von denen jedoch nur 114 beziffert, eines zwischen f. 91 und f. 92 aus Versehen übersprungen worden ist. Der Codex erhielt, wie die übrigen Handschriften des Bamberger Domkapitels, im J. 1611 einen neuen schönen Schweinslederband mit rothem Schnitt, wodurch leider eine Anzahl Randglossen verstümmelt wurden. Er ist im übrigen sehr wohl erhalten und nur an wenigen Blättern (zumal f. 12, 13) wurmstichig. Das Pergament ist fast durchgängig gleichmässig stark und weiss, einige Blätter, wie f. 7, 10, 11 von etwas dünnerer Beschaffenheit.

Das Ganze besteht aus folgenden einzelnen Stücken: f. 1 Vorsatzblatt mit der Ueberschrift De X Cordis[1] beginnt pinquante magis ac magis — iudica causam tuam Bruchstücke aus einer Streitschrift des Auxilius; 8 Zeilen mit der Ueberschrift Concilio niceni. Cum omnes apostoli — ordine sacre tonsure, f. 1' Dixit iustinianus. Non permittat dominus quod absit 23 Z. — et iterum Nolite tan —. f. 2 Gedichte, die Ueberschriften hier wie bei den folgenden roth, aber in Kursivschrift; Metrum adonium: Taliter inquam Rex animarum — Nosque redemit; Metrum paremiacum: O quam lacrimabile gestum — munera sumpsit, Metrum colophon: Deus et homo — ueneranda figura; Metrum pheregratium: Hoc signo ruit umbra — aufugit acta. In der Mitte dieser vier kleinen zusammengehörigen Gedichte ein Akrostichon in Gestalt eines

---

(1) So lautet der Titel des neunten Sermo des h. Hieronymus.

schrägen Kreuzes, dessen vier mittelste und äusserste Buchstaben das Wort Crux ergeben, mit der Ueberschrift Eugenii Uulgarii; nochmals Eugenii Uulgarii crux ein gerade stehendes Kreuz; Eiusdem pyramida ad leonem imperatorem. f. 2' folgt die Pyramide selbst, aus 6 Hexametern aufgebaut, in denen durch Roth die Worte Aue cęsar leo hervorgehoben sind, daneben Pyramidae expositio: Liquet orbem tripertitum unius imperii dominio unitum esse — f. 3 sini glorioso subderet imperio; eine zweite Erläuterung mit der Ueberschrift Aliter: Triangula figura in alias figuras non resoluitur — f. 3' in medio octauum decimun; Ad eundem metrum anapesticum isosyllabum; Metrum asclepiadeum ad eundem — f. 4; Metrum adonium ad eundem; Eiusdem de deo omnipotente: Rex erat unus in arce potens — Credo per omnia secla deum; De syllogismis dialecticae (danach 3 leere Zeilen); De thesin et ypothesin, beginnt f. 4' Est fandi uertex, cui forma subest quoque duplex — Personis quae fit certis causisque priuatis 20 Verse; ipotheticali: Si sol est et lux est — At non sol est igitur lux, Beispiele von Schlüssen, Ad atenolfum principem beneuentanae urbis, füllt f. 5 aus; f. 5' ist leer geblieben. f. 6 Apocatasticus dicitur uno loco consistens — f. 6' iuxta uarias qualitates boni malique fortunii, astrologische Betrachtungen, in denen Martianus autem doctissimus vorkommt; Ad iohannem leuitam — f. 7; Digestio sermonum; Ad gregorium consulem; Interpretatio sermonum; ohne Ueberschrift 2 Hexameter Si uerum simile aut uerum — f. 7' probabile quondam; Sermonum interpretatio: Si coniunctio negatiua — quondam pro semper, grammatisch; Ad gregorium magistrum militum; Sermones interpretati: Quis pro qualis et pro quantus — leget et cetera; Caput de differentia calcis: Cals per s de calce — f. 8 in calce id est in fine; Eugenius: His dictis gallum — ad hima sacra; Petronius arbiter: Iam alumna creperam — unde crepusculum; Species comice anacreunticum colophon. f. 9; Saphicum adonium — f. 10; Metrum parhemiacum tragicum — f. 10'; In laudem filii dei — f. 11; Usque in quibus locis ante diluuium uenerint; Sermonum interpretatio f. 11' Glisco gliscis id est uigilo — regulariter non corrumpitur c. f. 12 Gedicht zu Ehren des Papstes Sergius aus 34 Hexametern bestehend, der erste Rector terrarum rerum mentis moderator kehrt zugleich als siebzehnter und als letzter wieder, ausserdem wird er durch die Anfangs- und die Endbuchstaben sämtlicher Verse gebildet; dsgl. von oben nach unten durch die mittelsten Buchstaben und noch zweimal durch die Diagonalen des in ein Quadrat eingeschlossenen Gedichtes. f. 12′ Gedicht zu Ehren desselben Papstes in 10 Hexametern: die Anfangsbuchstaben ergeben Salue Sergi, die mittleren papa, die Endbuchstaben Summe rerum, jeder folgende Vers rückt in seiner Länge um einen Buchstaben über den vorhergehenden hinaus. Eine doppelte Erläuterung in etwas kleinerer Schrift schliesst sich an: Denique quia instar organici psalterii — f. 13 quod supra scripta formula clarius monstrat. Nach einer leeren Zeile ohne Ueberschrift Roma caput mundi, die einzelnen Verse mit rothen Anfangsbuchstaben. f. 13′ Christe preces intellege, dann nach einer leeren Zeile Salue papa noster salue Rhythmen mit übergeschriebenen Neumen, beides von einer andern Hand als das vorhergehende hinzugefügt, die Schrift ist sehr verblasst und gegen den vorderen Rand der Seite hin so abgerieben, dass manche Worte ganz verschwunden sind, andere nur errathen werden können. Dieses wahrscheinlich im J. 998 entstandene Gedicht[1] beweist, dass die übrige Handschrift vor diesem Zeitpunkte geschrieben worden sein muss. In dem bisher beschriebenen Theile des Codex sind f. 1, 6 und 13 von einer ganz anderen Hand als der Rest, mit blasserer Tinte und andern Abkürzungszeichen geschrieben, fügen sich aber dennoch vollständig in den Zusammenhang ein.

Der zweite und Haupttheil des Codex beginnt f. 14, dessen vordere Seite als Schmutzblatt dienend 2 Bruchstücke enthält: gere christos meos et in prophitis meis. nôlite malignari — infidelis nec iustis cum iniustis, danach die Buchstaben U C. L. U. L. D und et ad scelera — indica causam tuam, ein kleineres Stück des auf f. 1 enthaltenen. f. 14′ beginnt mit den Worten Quis dabit capiti meo die erste ungedruckte Streitschrift für die Weihen des Papstes Formosus ohne Ueberschrift, die im Gan-

---

(1) Gregor V, an den es gerichtet ist, wurde Papst 3. Mai 996. krönte Otto III zum Kaiser 21. Mai und starb 18. Febr. 999. An den zweiten Römerzug Ottos im J. 998 möchte ich bei dem Gedichte deshalb lieber den- Auxilius und Vulgarius. ken, als an den ersten, weil erst auf jenem Gerbert die rechte Hand des Papstes heissen konnte, dessen Reformbestrebungen überdies immer kräftiger hervortraten; vgl. Giesebrecht deutsche Kaiserzeit I. 704—710.

zen bis f. 43' reicht, so zwar, dass f. 31' der erste Theil endet,
fol. 32 ebenfalls ohne Ueberschrift Ut iam dudum in priori der
zweite beginnt, dessen Anfang wie der des ersten durch eine grössere
bunte Initiale hervorgehoben ist. Kapitel sind nicht hinzugefügt,
nur durch ein Zeichen am Rande *I'* und dem entsprechend durch
einzelne rothe Buchstaben im Texte sind Abschnitte und namentlich
längere Citate hervorgehoben. Bis f. 23' ist die Schrift ziemlich
weitläufig und finden sich nur 23 Zeilen auf der Seite, von f. 24
an wird sie enger, so dass 28 Zeilen auf der Seite Platz gewinnen, f. 27' ist bis auf 3 Zeilen leer geblieben. Von f. 28 an
enthält die Seite bis f. 37 wieder 23 oder 24 Zeilen, um sodann
bis zuletzt auf 25 zu steigen. Auf f. 13' befindet sich dicht unter
dem Schlusse ohne Beachtung des Randes mit ganz kleiner Schrift,
die sehr verblasst und hie und da fast erloschen ist, eine historische
Notiz über die Päpste von Johann VIII bis auf Sergius III.

Unmittelbar darunter mit rother Schrift Incipit libellus in defensionem Stephani episcopi et praefatae ordinationis, der Text
dieser Schrift reicht von f. 44 bis 59, grösstentheils mit etwas
gelblicherer und hellerer Tinte geschrieben, als das vorhergehende,
21 Zeilen auf der Seite, ebenfalls ohne Kapitel, doch sind Absätze
und zumal Citate durch ein R am Rande hervorgehoben. Auf f. 59
schliesst sich mit wenig kleinerer Schrift das Schreiben Rodelgrims und
Guiselgards an, auf der Rückseite ziemlich verblasst, doch noch leserlich.

f. 60 ist vorn leer geblieben, auf f. 60' folgt ohne Titel die
Praefatiuncula: Prudens lector haec de scripturarum — posse non
dubium est, dann Incipiunt capitula, im Ganzen 43 bis auf f. 62,
hierauf beginnt f. 62' der Text Ablatio ex decretali epistola antherii papae bis f. 87'. Die Ueberschriften der Kapitel sind roth,
jedes einzelne durch eine schöne bunte Initiale geziert. Auf der
Seite stehen 23 bis 25 Zeilen. Auf f. 88 fängt mit der Ueberschrift Eugenii Uulgarii ohne vorangeschickte Kapitel der Text
einer neuen Streitschrift an Regnante domino nostro ihesu christo
bis f. 101'. Die Kapitelüberschriften roth, Initialen viel kleiner
als in der vorhergehenden Schrift, Zeilenzahl ebenso. Auf f. 101'
schliesst sich nach einer leeren Zeile an Incipit generale synodum
de restauratione domni Formosi papae quae facta est apud Rauen-
natium urbem. c. 1 Sinodum tempore piae, 6 Kapitel bis f. 102'

apostolica auctoritate sancimus, gedruckt als römische Synode bei
Mansi coll. concilior. XVIII, 223, wo jedoch 12 Kapitel.
Mit f. 103 beginnt ein neuer Theil der Handschrift. Die Vorderseite ist leer geblieben, auf der Rückseite folgt Culgarii in defensionem formosi papae (roth) dann Eugenius Culgarius Petro diacono fratri et amico. Petis a me responderi super formosiana ca
lamitate bis f. 110' igitur inest diuersitas, in 2 Kolumnen, mit je
22 Zeilen, am Rande kurze Bemerkungen, die auf den Inhalt hin-
weisen z. B. f. 108 Argumentum a persona, unter anderm Titel
und aus einer andern Handschrift herausgegeben von Mabillon (Analecta vetera p. 28—31).[1] Ohne Absatz schliesst sich auf f. 110' an
Ad sergium papam eiusdem, f. 111 Ad eundem uersus; Metrum
pheregratium ad eundem; Ad eundem metrum saphicum; f. 111'
Ad eundem metrum parhemiacum; Epistolae superscriptio; epistola
ad eundem — f. 113; eiusdem ad uitalem episcopum. Ueber dem
letzten Briefe ist ein Bild gezeichnet: die Figur eines Priesters, der
neben einem Altare stehend seine Arme bittend gegen die Sonne
ausstreckt — f. 113'; Ad eundem uersus; Eiusdem ad theodoram
— f. 114'; Eiusdem ad benedictum monachum; Metrum iambicum
ad petrum salerne urbis episcopum; Boetii.

Ein Blick auf die äussere Beschaffenheit lehrt, dass f. 14 — 102
der Handschrift ursprünglich für sich ein Ganzes bildeten, da die
Schrift durchweg eine sehr ähnliche ist, so dass sie, wenn nicht
von Einem, so doch von einigen sich nahestehenden Schreibern
herrührt. Zwischen dem ersten (f. 1—13) und dem letzten (f.
103—114) Theile des Codex aber, der sich von dem Haupttheile durch
kleinere Schrift unterscheidet, waltet insofern eine innere Uebereinstimmung ob, als die Hand, welche das letzte Stück durchgehends
geschrieben hat, wenigstens auf f. 2—5 mit voller Sicherheit wie-
dererkannt wird und auf 2, 3' und 4 ebenso wie dort die Seite
in 2 Columnen spaltet. Die schlechte Beschaffenheit von f. 13'
sowie die Einfügung eines jüngeren Gedichtes gerade an dieser
Stelle erklärt sich daraus, dass hiermit früher eine Handschrift ge-
schlossen haben muss, während andrerseits die Vorderseite von

---

(1) Die von mir angeführten Stellen dieser Schrift habe ich sämtlich
nach unserem Codex berichtigt, da

Mabillons Abdruck zwar nicht schlecht,
aber keineswegs ganz fehlerfrei ist.

4*

f. 14 deutlich als Schmutzblatt gedient hat. In dem Mittelstücke
sind die Initialen mit bunten Farben ausgemalt, in den beiden andern Abtheilungen nur vorgezeichnet und höchstens hie und da mit
einigem Roth verziert. Zwei an Umfang sehr ungleiche Handschriften sind also hier in der Weise vereinigt, dass die kleinere von
beiden zerstückt und wahrscheinlich gerade ihre zweite Hälfte vor-
angebunden worden ist. Aus der Gleichartigkeit des Inhaltes —
denn der grössere Codex enthält bereits eine Streitschrift des Eugenius Vulgarius, der kleinere die andere sowie Briefe und Gedichte desselben — sowie aus der der gleichen Zeit angehörigen
Schrift, lässt sich jedoch schliessen, dass beide von Anfang an zu-
sammengehört haben und auch wohl lange vor ihrem jetzigen Ein-
bande zusammengebunden waren. Durchweg ist durch senkrechte
Linien ein innerer und äusserer Rand, bei den zwiefachen Columnen auch noch ein mittlerer gegen die Schrift abgegrenzt. Als
Interpunktionen erscheinen ·,· statt des Punktes, ferner . oder ./
letzteres dem Comma entsprechend. Fragezeichen kommen nur
einige Male vor, meist ist die Frage durch ein über das erste Wort
des Satzes, namentlich des fragenden Pronomen gesetztes 2 ange-
deutet. Ueber dem e und o steht häufig ein Längezeichen (^)
und beim Beginne des Satzes oft, aber nicht immer grosse Buchstaben. Das æ wird überall durch ein geschwänztes e wiederge-
geben, das nur äusserst selten für ein e steht, für b ist mehrmals
fälschlich u geschrieben (z. B. uestia, uasis, siui, in zusammenge-
setzten Worten wird statt b vor t stets p gesetzt, d ist in solchen
Fällen überall mit dem folgenden m assimilirt, also ammodum (wofür nur einmal admodum verbessert ist), amministrare und sogar
ammittere. Für connectere dagegen steht conectere u. s. w. Dies
beweist, ebenso wie die Züge der Schrift (die mit dem Cassineser
Codex des Widukind sowie mit der Urhandschrift des Leo von
Ostia grosse Aehnlichkeit[1] hat), für die italienische Heimat des
Schreibers. Frühzeitig aber muss der Codex über die Alpen nach
Bamberg gewandert sein, denn in dem von Ruotger unter dem Abte
Wolfram von Michelsberg (1112—1123) entworfenen Kataloge

findet sich bereits De Formosiana Calamitate lib. I (Schannat vindemiae litter. I, 51), eine Angabe, die wohl unzweifelhaft auf unsere Handschrift zu beziehen ist. Es ist hiernach nicht unwahrscheinlich, dass entweder K. Heinrich II selbst dieselbe etwa von seinem dritten Römerzuge mitgebracht oder dass schon Otto III sie besessen, aus dessen Nachlass sie dann Heinrich nebst andern Büchern seiner Lieblingsstiftung schenkte.[1]

Nachdem der Codex später, und zwar jedenfalls·vor 1611, ebenso wie der Richers aus dem Besitze der Michelsberger Benediktiner in den des Bamberger Domkapitels und von diesem 1803 an die königliche Bibliothek übergegangen war, blieb er dort lange unbeachtet liegen. Die Erwähnung, die Jäck in seiner Beschreibung (S. 141 N. 1120) der Handschrift im J. 1831 zu Theil werden liess: Stephani sancti (!) in defensionem libellus, konnte über den wirklichen Inhalt derselben nur gänzlich irreführen; in seinen Schriftmustern berücksichtigte er sie nicht. Erst als im J. 1846 Conrad Rosshirt die Bamberger kanonistischen Handschriften durchmusterte, fiel ihm auch die unsrige in die Hand; er entdeckte darin auf den ersten Blick „sehr viele pseudoisidorische Stellen" und fügte bei einer kurzen Notiz in den Heidelberger Jahrb. für Liter. (39. Jahrgang 1846 S. 903)[2] die richtige Bemerkung hinzu: „eine Handschrift, die man erst durch und durch untersuchen muss." Dieser Wahrnehmung leistete er keineswegs hinlänglich Folge, als er den Codex nach Heidelberg zur Benutzung erhalten und den Ertrag desselben 1849 in seiner Schrift „Zu den kirchenrechtlichen Quellen des ersten Jahrtausends und zu den pseudoisidorischen Decretalen" veröffentlichte. Ausser einer ganz flüchtigen und ungenauen Beschreibung des Codex (S. 17—19) wurden daselbst einige Stücke aus der ersten unbetitelten Streitschrift, d. h. meist nur die darin enthaltenen Citate (f. 19'—24) abgedruckt (S. 20—26), sodann unvollständig der Brief Rodelgrims und Guiselgards (S. 27), endlich und hauptsächlich die dritte Streitschrift (f. 60'—85), doch

(1) Vgl. über die Herkunft der Bamberger Handschriften Giesebrecht Gesch. der deutschen Kaiserzeit 3. Ausg. I, 846, 870, II, 592—93, Hirsch Heinrich II, II, 102—112. (2) Be-sonders abgedruckt: Von den falschen Decretalen und von einigen neuen in Bamberg entdeckten Handschr., Heidelberg 1847.

unter Weglassung des Schlusses (S. 63—90). Alle diese Stücke,
besonders die ersteren beiden, wimmeln von den gröbsten und
sinnlosesten Lesefehlern, die wohl nicht so sehr aus Nachlässigkeit
als aus Unkenntnis der Schrift entsprangen.[1] Dieser Art der Ver-
öffentlichung entsprachen die darauf gebauten Schlüsse. Obgleich
Rosshirt wohl erkannte, dass unser Codex auf die Zeit des Papstes
Formosus (891—896) hinwiese, so hielt ihn dies dennoch nicht
ab, darin eine Quelle für den um ohngefähr ein halbes Jahrhundert
älteren Pseudoisidor zu entdecken. Und zwar sollen die darin
vorkommenden pseudoisidorischen Stücke aus griechischen Chroniken
geschöpft sein, welche jene päpstlichen Dekretalen bereits aufgenommen hatten (S. 20, 52, 57). Der Beweis dieser ganz erstaun-
lichen Behauptung wird theils in einer Stelle der Vorrede Pseudoisidors (c. 2 p. 17 ed. Hinschius) gesucht, in der aber nur von
den Akten der griechischen Synoden und ihren unter einander ab-
weichenden lateinischen Uebersetzungen die Rede ist,[2] theils in dem
Umstande, dass eben unser Codex sich „gewöhnlich" oder „überall
auf griechische Chroniken" bezieht. Worin aber bestehen diese
vielversprechenden Beziehungen? Darin, dass dreimal in drei verschiedenen Streitschriften (f. 24, 48, 63') eine und dieselbe Stelle
aus der bekannten Chronographie des Theophanes übersetzt wird,
um darzuthun, dass am 11. Aug. 715 unter K. Anastasius II der
Bischof Germanus von Cyzikus als Patriarch nach Konstantinopel
versetzt wurde. Wenn somit dies ganze Gebäude zusammenstürzt
und für die Entstehung Pseudoisidors sich gar nichts aus dem Bamberger Codex ergibt, so bemerkte überdies noch Richter (Lehrb.
des Kirchenrechts 5. Aufl. S. 77), dass die von Rosshirt als neu
herausgegebene Streitschrift das bekannte schon von Morinus, Mabillon u. a. edierte Werk des Auxilius de ordinationibus sei. Dieser wohlbegründeten Berichtigung ist allerdings hinzuzufügen,[3] dass

---

(1) Für quoniam setzt R. regel-
mässig quum, für uel häufig et oder
ut u. s. f.; oft sind Worte ausgelas-
sen, die er nicht lesen konnte. In
seiner ersten Mittheilung (S. 906) führt
er schon eine Stelle aus dem Codex
(f. 51) fehlerhaft an, die nichts weiter
als ein Satz aus der Vorrede Pseudoisidors ist.   (2) Dies bemerkte
schon Weizsäcker (die pseudoisidorische Frage in v. Sybels Zeitschr. f.
Gesch. III, 17).   (3) Hierauf hat
Wasserschleben aufmerksam gemacht,
in dem Art. Pseudoisidor (Herzogs
Realencyklopädie XII, 339).

unser Codex eine um sechs Kapitel erweiterte Redaktion jener Schrift darbietet.

Unter den berührten Umständen konnte Rosshirt von dem Funde, welchen er zuerst gemacht, wenig Ruhm ernten, sein Verdienst an der Sache wurde durch die schlechte Ausbeutung des entdeckten Schatzes fast aufgehoben, ja der Codex musste durch ihn geradezu in Miskredit kommen. Mich hat zunächst nicht seine Publikation darauf hingelenkt, sondern mein Kollege Paul Hinschius, der die Handschrift für seine kritische Ausgabe Pseudoisidors berücksichtigt und sich die ungedruckte Schrift des Eugenius Vulgarius daraus abgeschrieben hatte. Nachdem mir durch eine genaue Untersuchung des gesamten Inhaltes klar geworden war, dass derselbe für die Entwickelung des Kirchenrechtes zwar ohne erhebliche Wichtigkeit, desto werthvoller aber für die römische Kirchengeschichte und die gelehrte Litteratur Italiens zu Anfange des zehnten Jahrhunderts sei, beschloss ich nach diesen Gesichtspunkten alles ungedruckte, so weit es irgend Interesse bieten konnte, vollständig herauszugeben. Die längeren Citate aus bekannten und gedruckten Autoren schloss ich, um Raum zu sparen, in der Regel aus: ich habe sie jedoch überall nachgewiesen und die meist sehr beträchtlichen Abweichungen der Handschrift (B) von den Drucken unter dem Texte bemerkt. Von dem geistigen Eigenthume der Verfasser selbst ist durchaus nichts verkürzt worden. Bei den Anführungen aus Pseudoisidor habe ich nur die Abweichungen von der Bamberger Handschrift desselben nach der von Hinschius mitgetheilten Vergleichung angegeben.[1]

Im Anschlusse an unsere Mittheilungen aus dem Bamberger Codex lasse ich noch einige Stücke verwandten Inhaltes aus der

(1) Diese Bamberger Handschr. des Pseudoisidor P 1 8, beschrieben von Hinschius (Decretales Pseudo-Isidorianae p. XLIV, Doves Zeitschrift für Kirchenrecht III, 1, 126) aus dem 10. Jahrh. enthält nach einer Privatmittheilung desselben auf f. 141 — 146' ebenfalls die Schrift des Auxilius de ordinationibus, die ohne Ueberschrift, Vorrede und Inhalt sogleich mit der Ablatio ex decretali Antherii papae beginnt. Der Umfang ist derselbe wie in den Ausgaben, doch werden die einzelnen Kapitel nicht gezählt und in c. 40 sind einige Lücken. Zwei eigenthümliche Zusätze dieser Handschrift hat Rosshirt (S 63. 66) mitgetheilt. Die Hand ist die nämliche wie in den vorangehenden Dekretalen.

Handschrift der Merseburger Dombibliothek Nr. 104 in klein Quart
aus dem zehnten Jahrhundert nachfolgen. Inmitten einer Kanonen-
sammlung, von der sowohl am Anfange, wie am Schlusse mehrere
Blätter fehlen (vgl. darüber Waitz in Pertz·Archiv VIII, 668) finden sich auf f. 47 und 48 3 Synodalschlüsse Johanns VIII über
den Bischof Formosus von Porto, welche Emil Ludwig Richter in
dem Marburger Prorektoratsprogramm vom 10. Sept. 1843 (p. 4—8)
zum erstenmale herausgegeben hat. Bei der grossen Seltenheit
dieses Abdruckes (dessen Besitz ich ebenfalls nur der Güte des
verewigten Herausgebers verdanke) schien es angemessen, die drei
Aktenstücke nach nochmaliger genauer Vergleichung der leider arg
verwahrlosten Handschrift hier anzuschliessen, obgleich sich gegen
den Werth derselben gewichtige Bedenken erheben. Schon Hefele
(Conziliengesch. IV, 517) machte darauf aufmerksam, dass unter
den 35 (vielmehr 36) Bischöfen, die das Verdammungsurtheil zu
Troyes unterschreiben, sich eine Reihe entschieden falscher Namen
befindet.[1] Das Datum des 14. September lässt sich schwer mit
den Angaben der andern Quellen vereinigen, wonach wir diesen
Beschluss der Synode schon in den August setzen würden. Auffallend ist auch, dass der König Ludwig als Veranstalter der
Synode erscheint und dieselbe in erster Linie unterschreibt, sowie
dass die zu Ponthion im Sommer 876 wiederholte Verdammung
des Formosus völlig mit Schweigen übergangen wird. Wenn aber
einmal das dritte Stück Argwohn erregt, so müssen wir auch die
beiden ersten mit um so grösserer Vorsicht prüfen. Da ist es
denn allerdings sehr befremdlich, dass, während im Uebrigen der
Synodalschluss vom 19. April grösstentheils wörtlich mit dem Briefe
Johanns VIII vom 21. April über dieselbe Synode übereinstimmt,
in jenem dem Bischof Formosus eine letzte Frist von zwei Mona-

---

(1) Erzb. von Vienne war damals
Otram nicht Bennom (Bernoin?), B.
v. Paris nicht Heldebold, sondern
Engelwin († 884, B. v. Chartres Gis-
lebert nicht Aimo, B. v. Troyes Otulf
nicht Bodo, B v. Macon Lantbert
statt Berner, B v. Nevers Abbo nicht
Emino (Mansi coll. conc. XVII app.
188), Erzb. v. Tours Adalard nicht
Everard, B. v. Limoges Anselm nicht
Isaak, B. v. Angers Dodo nicht Ar-
nald, B. v. Senlis Hadebert nicht Herpoin, B. v. Beauvais Odo nicht Hono-
rat, B. v. Laon Hedenulf nicht Dido,
B. v. Langres Isaak († 880) nicht
Gaido, B. v. Verdun Berard nicht
Atto. Viele von den Namen sind
offenbar entstellt, aus dem Erzbischof
von Tours ist ein Bischof gemacht.

ten, in diesem dagegen nur von 20 Tagen zugestanden wird. Die zweimonatliche Frist passt zwar recht gut zu der zweiten Synode der Merseburger Handschrift vom 30. Juni, steht aber mit dem unzweifelhaft echten Schreiben des Papstes in unlösbarem Widerspruche.[1] Jene zweite Synode in der Peterskirche, von der wir sonst freilich nichts wissen, würde an sich nicht unglaubhaft sein, wenn sie nicht in so verdächtiger Gesellschaft aufträte. Ich wage hiernach nicht, von diesen Aktenstücken weiteren Gebrauch zu machen, die vielleicht ein späterer Gegner des Formosus mit Benutzung echter Quellen als Belege seiner Verurtheilung angefertigt hat.

———————

Als Anhang zu der Beschreibung des Bamberger Codex lasse ich hier sogleich die auf f. 13' enthaltenen Verse auf Gregor V und Otto III folgen, weil sie mit dem übrigen Inhalte keinen Zusammenhang haben. Die nur unsicher gelesenen oder bloss errathenen Buchstaben sind durch kursive Schrift hervorgehoben.

Christe preces intellege, Romam tuam respice,   f. 13'
Romanos pie renoua, Uires Romae excita.
Surgat Roma imperio, Sub Ottone tertio!

Salue, papa noster, salue, Gregori dignissime
Cum Ottone te augusto Tuus Petrus excipit.
Coniunctis ad sublimia Ipse te humilia.
E domo sponsae exiens, Sicut sponsus rediens
5 Antiqui patris munera Repetis quam dulcia
S.......... firmius Ut fidelis filius. Christe.

Sanctum Petrum sequeris, Laudes Petri erigis
Romana iura recreas, Romae Romam reparas

---

(1) Darauf wies bereits Richter (a. a. O. p. 5 u. 24) hin, ohne einen Ausweg vorzuschlagen. Das Schreiben Johanns (Mansi XVII, 236, J. 2270), dessen Abweichungen ich unter dem Texte angebe, müsste jedenfalls dem Fälscher vorgelegen haben, der auch von der Verurtheilung zu Troyes Kunde erhalten hatte, sowie von dem Inhalte des dort geleisteten Eides.

.... to effici   Gloria imperii
10   .... *to* ualeat,   Semper bene habeat.
Qui^a Galliae te abstulit   Teque Romam attulit
...... *fec*it maximum,   Inaltauit brachium.   Christe.

.... os in ecclesiis   In sanctis monasteriis
Tu es magister omnium,   Tu componis populum
15   .... reddis uarias ....g ..s soluis animas.
...... rat Otto tercius P*erui*gil et strenuus,
Qui^b secundum apostolum   Curam habet corporum.
Ad salutem peccantium   Fert inimicum ·gladium.   Christe

S........a Antiochia   Te colit per omnia
20   Antiqua Alexandria   Tibi currit anxia
.... ecclesiae   Sunt in tua serie.
Babilonia ferrea   Et aurata Graecia
Ottonem magnum metuunt   Collis flexis seruiunt.
Mundo ...... er imperat,   Quem rex regum liberat.   Christe

25   Exulta papa nobilis   Maiestatê nominis
Sedem primam condecoras   Sedulo^c iam releuas
Tua claret prudentia   In Gerberti dextera.
Gaude papa, gaude caesar,   Gaudeat ecclesia
Sit magnum Romae gaudium,   Iubilet *palatium*.
30   Sub caesaris potentia   Purgat papa secula.   Christe

Uos duo luminaria   Per terrarum spacia
Illustrate ecclesias,   Effugate tenebras
Ut unus ferro uigeat,   Alter uerbo tinniat.
S...s...a domne erige,   Agnum dei prospice
35   Te deus *fec*it maximum   Et Petri auxilium
Quos in tua gloria   Habe in memoria.   Christe.

(a) cui *B.*   (b) cui *B.*   (c) sedulam *B.*

—   —

AUXILII IN DEFENSIONEM SACRAE ORDINATIONIS PAPAE FORMOSI

LIBELLUS PRIOR.

Quis dabit capiti meo aquam, et oculis meis fontem la- ^{f.14'} crimarum?[1] et plorabo, non ut Hieremias interfectos corpore, sed, quod est deterius, plorabo animarum interitum[2] et nefarias euersiones, quae in capite omnium ecclesiarum puplice inhorruerunt. Heu pro dolor, quis non contremescat in tantae sanctitatis arce sacrilegas perstrepere inuasiones? de cuius benedictionibus uniuersarum ecclesiarum propagines fecundantur, cuius iudicio totius orbis errata corriguntur. Attamen licet flumina descendant, irruant uenti, consolatur me dominus[3], qui ad apostolorum principem polliceri dignatus est dicens: *Tu es Petrus et super hanc petram aedificabo ecclesiam meam et portae inferi non praeualebunt aduersus eam.* Quid enim flumina hoc in loco? quid uenti, quid inferi portas accipere debemus, nisi impetus et procellas pessimorum hominum? Sed quia *fundamentum aliud,* magistro gentium docente,[4] *nemo potest*[a] *ponere praeter id, quod positum est, quod est Christus Ihesus,* et alibi:[5] **petra autem erat Christus,* ecclesia ^{f.15} super petram, id est Christum, fundata et Petro ad regendum

(a) potes *B.*

---

(1) Ier. 9, 1. (2) Cfr. Invect. in Romam p. LXXIII: non solum ad damp- nationem corporum, uerum etiam, quod | deterius est, ad detrimentum animarum. (3) Matth. 16, 18. (4) 1 Cor. 3, 11. (5) 1 Cor. 10, 4.

commissa si forte ad tempus per iniquos inuasores conculcari
uidetur, moueri tamen nullatenus potest, quia fundata est
supra firmam petram.

Cap. I Pericula igitur et iniustas degradationes, quae ibi
inpraesentiarum aguntur, uellem quidem in praecordiis gemere et non uocibus exprimere, sed sacri ordinis ineuitabilis
necessitudo me silere nequaquam permittit. Nonne post obitum quarti Benedicti papae¹ uir domini laudabilis uitae et
sanctitatis nomine Leo apostolorum uicarius papa urbis effectus sanctae Romanae ecclesiae gubernacula dum per triginta
dies amministrasset, a quodam Christophoro presbitero suo
apprehensus est et carceralibus ergastulis mancipatus? mox
autem idem Christophorus se papam instituit. Deinde Sergius quidam, qui apud Francos plurimis iam temporibus
fuerat commoratus, ualido Francorum auxilio et quorundam
f. 15ʳ Romanorum machinationibus praefatum *comprehendi ac re-
cludi fecit Christophorum, nec multo post latenter Romam
ingrediens eisdem opitulantibus Francis apostolatus fastigium
conscendit.² Et quasi ista non sufficerent, nouum et inauditum addidit sacrilegium: pro nefas, clerum sanctae Romanae
ecclesiae partim carceribus, partim minis exilioque terruit,
quatenus ad deponendam reuerentissimi papae Formosi ordinationem et ad cunctas propagines extirpandas, quae ab eius
consecrationis radice hactenus deriuatae sunt, assensum prae-
berent. Illis autem, ne talia fierent, contradicentibus, memoratus Sergius fautorem suum callide destinauit Neapolim tamquam pro aliis rebus, fecitque aduectari nauigia, quatenus
qui huiuscemodi depositionis participes fore noluissent, eisdem
imponerentur nauigiis et in exilium Neapolim mitterentur.
Erant enim huiusce transgressionis consentanei, qui dicebant:
miseri, deponite rigorem animi uestri, quia si Neapolim delati
f. 16 fueritis, alii Saracenorum manibus trademini, *et alii in puteos

---

(1) A 903.   (2) A. 904 Ianuario mense.

ceno et serpentibus noxios deponemini ibique miseram exha-
labitis uitam. Quid plura? cum gemitu et contritione cordis
coactum dederunt assensum.

O beatissime apostolorum princeps, scimus profecto, quia
propter nimias offensiones recessit zelus tuus de sanctuario
nominis tui. Uicarii tui, pastores nostri ad instar ludentium
puerorum inuicem se certant deponere et anathematis nexibus
se obligare non uerentur et, quod est deterius, antiquas plurimorum ordinationes episcoporum irritas facere pro nihilo
ducunt. *Exurge, quare obdormis domine,*[1] exurge precibus
apostoli tui Petri, cui promittere dignatus es,[2] ut portae inferi non praeualeant aduersus ecclesiam tuam, quam illi ad
regendum committere uoluisti. Exurge et iudica causam tuam
et ne obliuiscaris uoces quaerentium te.[3]

C. II His igitur breuiter praelibatis, noui pastoris huius
uideamus apologiam. Asserit enim: ego quidem ante istos,
quos carceri mancipaui, immo ante alios, qui nuper apostolici fuerunt, fui aduocatus et anulo ecclesiastici iuris sponsam
meam, id est sanctam ecclesiam, subarratam habui,[4] *sed alii   f. 16
per uim abstulerunt illam mihi;[5] quando potui, recepi sponsam meam. Ad haec iustum uidetur dari responsum : Nonne
puplica electione nec aduocatus nec electus fuisti, sed ex
parte tantum et ideo ad tanti honoris apicem regulariter pertingere non ualuisti. Et ut aliquid plus inferam : etiam si
tibi cleri et populi parte fauente apostolicus papa tunc consecratus fuisses et e regione alter sub intentione ordinatus
esset, aequum fuerat, ut cum quo ex duobus uobis maior et
sanctior cleri et populi pars inuenta fuisset, ipse apostolicam
cathedram optineret, iuxta quod de uenerabili papa Simmacho
atque Laurentio factum legimus.[6] *Uterque enim sub intentione
uno die ordinati sunt, Simmachus in basilica Constantiniana,*

(1) Psalm. 43, 23. (2) Matth. 16, Iunio mense a Iohanne IX expulsus.
18. (3) Cfr. Psalm. 73, 22. 23. (6) Uterque enim — praesul Simmachus
(4) A. 897 exeunte. (5) A 898 c. ex vita Symmachi (a. 498 - 499.)

Laurentius in basilica beatae Mariae. Ex qua causa separa-
tus est clerus et diuisus est senatus, alii cum Simmacho, alii
cum Laurentio et facta intentione hoc inter se partes constitu-
erunt, ut ambo Rauennam pergerent ad iudicium regis Theo-
derici. Qui dum ambo Rauennam introissent, hoc iudicium
aequitatis inuenit, ut qui primo ordinatus fuisset uel ubi pars
f. 17 *maxima cognosceretur, *ipse sederet in apostolicam sedem: quod*
in Simmacho repertum est et factus est praesul Simmachus.

C. III Fortassis enim redarguitis me dicentes: quis te cau-
sidicum uel iudicem constituit praesertim contra Romanam
ecclesiam? Unde non immerito et nos dicimus: quis uos constituit ruinam inferre sacris, ordinibus, quos maiores uestri
apostolorum principis auctoritate longe lateque propagare
conati sunt; maxime cum doctor gentium clamet et dicat:[1]
Non posuit nos deus in iram sed in acquisitionem salutis.
Quoniam quidem, unde totus orbis diuina illustratur luce,
tristes eruperunt tenebrae. Absit, inquam, absit, ut mea paruitas quippiam aduersus sacrosanctam Romanam ecclesiam
disputet, sed quicquid super his rebus loqui uideor, non
contra ipsam, sed pro ipsa loquor. Reuera enim nos apostolico patri tamquam beatis apostolis Petro et Paulo in omnibus optemperare satagimus: quippe si nos super quibusdam
offensionibus redarguere uel excommunicare noluerint, libenter
sustinere parati sumus, sed depositionem eiusmodi sacrorum
f. 17' ordinum saltem audire non possumus. Quo igitur *pacto sub-
uersionem sacrae unctionis sustinere potero, quae a pluribus
annis per cunctas Italiae regiones multipliciter pollet? Hanc
quippe consecrationem ille instituit papa, quem clerus et populi Romani summopere studuerunt eligere. Quapropter non
est, unde merito nobis irasci possit, qui procul in longinquis
terrarum spatiis uersamur. Ideoque, si tantus est irascendi
zelus, non nobis, sed Romanis irascatur ciuibus, qui talem

(1) I Thess. 5. 9.

eligere sunt ausi, cui sacri canones obuiare possint. Nonne
deposito Acacio, quoniam fuerat heretica fece contaminatus,
ordinationem tamen eius sancta ecclesia in suo statu manere
permisit¹ et tu multiplices consecrationes, quae a plurimis
temporibus, id est ab ipso uenerabili papa Formoso, a cuius
apostolica dignitate tu ipse iam decimus computaris, irritas
facere non uereris. Debueras enim misericorditer iudicare,
ut et ipse quandoque misericorditer iudiceris. Domini enim
sententia est:² *in quo iudicio iudicaueritis, iudicabitur de
nobis.*

C. IIII Uideamus interea, quare uenerabilis papae For- f.18
mosi ordinationem incassum uexare non formidat. Ait enim:
Formosi ordinationem cunctasque ab eo deriuatas propagines
idcirco ad nihilum redigo, quia in synodo depositus fuit.
Huic infamationi una sufficit responsio, id est: non canonice
facta est eius depositio. Quod qualiter factum fuerit, breui
prosequar stilo. Georgius siquidem, cui cognomen fuit de
Auentino, et Gregorius nomencolator octauo Iohanni papae in
sinistram uenerunt suspicionem: idem uero Formosus praesul mutua cum eis uidebatur dilectione conexus et idcirco ab
eodem papa non aequis oculis aspiciebatur. Quid plura?
disseminatus est rumor, quod alius ex eis in Tyberim foret
praecipitandus, alius lumine priuandus, alius autem membris
deformandus, unde factum est, ut nocturnis horis repentino
nuntio perterriti urbem egredientes imminens periculum fugi-
endo euaderent. Nec multo post ad Francos peruenerunt.
Mox autem praedictus papa *direxit nuntium post eos dicens: f.18'
reuertatur Formosus praesul in episcopatum suum; cur fugam
arripuit? Quod ille audiens ammodum facere titubauit: tunc
conuocata synodo anathematis eos uinculis obligauit.³ Deinde
a ciuitate Neapoli tres dromones deferri praecepit, quibus
ascensis in Franciam transfretauit. Quod audiens Formosus

---

(1) Cfr. Decreta Anastasii papae c. 7   (2) Matth. 7, 2.
(J. 464, Mansi coll. conc. VIII, 190.)   (3) A. 876 d. 19 m. Aprilis.

domini antistes confidens de apostolica pietate intrepidus ad
eius uenit praesentiam et genibus prouolutus coepit clamare
et dicere: ego sum, qui peccaui; ego, qui inique egi, miserere
mei, quoniam quidem illius matris ecclesiae pastor es, qui
omnibus ad se uenientibus misericordiae uiscera patefacit.
Interuenientibus, qui tunc aderant, episcopis, uix optinere
potuit, ut humi residens per apices propria manu roboratos
promitteret, se in laico semper habitu atque communione fore
mansurum et quasi ista non sufficerent, quidam praesul nomine Ualpertus, qui eius episcopatum acceperat, inuenta occasione, quantum in se fuit, calamum quassatum conterere[1]
non pepercit. Zelo quippe ductus pro episcopali cathedra
eius, quam arripuerat, egit apud eundem papam, quatenus
idem uenerabilis pater Formosus iureiurando concluderet, ut
f.19 numquam Romuleam *introiret urbem, numquam sui honoris
reciperet sedem: quod iuramentum non palam sed occulte in
quodam cubiculo coactus dedit.[2] Haec mihi Petrus uenerabilis archidiaconus sanctae Neapolitanae ecclesiae, qui tunc interfuit, seriatim retulit. Porro, quicquid amplius his lingua
dolosa super eius infamatione uel depositione componere
nititur, falsum est et deus, aequitatis index, qui inultum abire
non patitur,[3] disperdet cum cum uniuersis labiis dolosis.[4]
Non enim qui faciunt, apostoli sententia est,[5] *sed et qui consentiunt facientibus, digni efficiuntur morte perpetua.* Reuera
enim, ut supra relatum est, non praesens sed absens per uim
furoris depositus est et iuramentum illud non sponte sed coactus dedit.

C. V His ita commemoratis inspiciamus decreta sanctorum
patrum et uideamus, si pro fuga anathematizari debuit aut
si canonice depositus est uel etiam si reconciliari minime
debuit.

(1) Isai. 42, 3.   (2) A. 878 mense   (3) Iob. 24, 12.   (4) Psalm. 11, 4.
Augusto. Cfr. Inf. et Def. c. 20 (ed.   (5) Rom. 1, 32.
Mabillon p. 46–47). c. 32 (p. 51).

Ex epistola Iulii papae ad orientales episcopos directa pro fuga Athanasii et reconciliatione eius.' *De fuga, super qua — — fugisse leguntur.*ᵇ f.18ʳ
De uocatione ad synodum Damasi papae. *Voratio enim — — quanto minus diuinae.*ᶜ
Item Niceni concilii.¹ *Nemo pontificum deinceps aliquem episcopum suis expoliatum rebus aut a sede pulsum* *excommu-* f.20 *nicare aut iudicare praesumat, quia non est priuilegium, quo spoliari possit iam nudatus.*
Item Iulii papae. *Nullus episcopus — — quod egerint.*ᵈ
Item Marcellini papae. *Nullus episcopus, nisi — — perdat communionem.*ᵉ
Fabiani papae. *Quoniam semper fuit et est, ut mali bo-nos — — ad causam, quia priusquam hoc factum fuerit, nullum* f.20ʳ *crimen eis obici potest et post integram restaurationem anni-uersarie uel sex mensium indutiae sint aequaliter sua omnia licenter et pacifice absque ullius graui impedimento disponere suorum amicorum ecclesiasticorum consiliis.*ᶠ
Item Sixti papae. *Audiuimus fratres inter uos — com-munione priuetur.*ᵍ
Item Alexandri papae. *Est etiam et hoc — — decipiant* f.21 *sacerdotes domini et suis faciant uoluntatibus consentire.*ʰ *Has considerantes impietates — ad satisfactionem fieri.*ⁱ

His itaque de compendio praelibatis luce clarius apparet, quod uenerabilis praesul Formosus de fuga illa non omnino

---

(a) *Glossa margin.*: iste est sanctus Athanasius Alexandri(nae) sedis. (b) *Decretales Pseudo-Isidorianae* p. 471 (ed. *Hinschius*) c. 14 recte agitur. pro nobis hoc. demonstrat. nam quando. adversus eum *deest*. mitterent in enim. de templo et item discipuli. a praeposito gentis aretae regis. (c) *Ib.* p. 503 c. 11 patrum ad eum qui impetitur. resp. accusatoribus. quanto minus. (d) *Ib.* p. 459 c. 5 conuocatus. audiatur uel damnetur. in nihilum quod. (e) *Ib.* p. 228 c. 10 Marcelli. (f) *Ib.* p. 164 c 19 statutum est ne accusentur. fieret eorum. et a — praesum. *deest.* c. 20 legitime redintegrentur. accusentur aut criminentur. et nisi — respond. *deest.* eis legib. *deest.* concedatur. ueniant. (g) *Ib.* p. 192 c. 5 uel auctores. prius audiat. alloquio. quod qui. (h) *Ib.* p. 95 c. 3 sed omni. aliquos. in aliud quod non debent. pro *deest.* sectam. (i) *Ib.* p. 97 c. 6 domini *deest.* sacram *deest.* et reliquis. et success. manifestantur, *cfr. Inf.* et *Def.* c. 20 p. 47, ubi idem locus *Pseudo-Alexandri laudatur.*

(1) Decret. Pseudois. p. 468 Decr. Iulii papae c. 12.

culpabilis fuit et quod absens et procul effugatus, non canonice in synodo fuerit depositus. Quod autem postmodum in
Francia, ut supra retulimus, coram clementissimo papa ge-
r. 21 nibus prouolutus cum lacrimis ueniam postulans *uix laicam
potuerit adipisci communionem et quod in secreto cubiculi
iuramentum illud praebuerit, quis non uideat, quantae fuerit
crudelitatis et a christiana religione quam maxime alienum:
Homo homini seruat iram et a deo quaerit medellam?[1]

C. VI Post haec igitur indagandum est, si pietatis intuitu reconciliari debuit suamque recipere cathedram. Iohannes[2] Chrisostomus a duabus synodis orthodoxorum episcoporum fuit iudicatus, sed iterum fuit restitutus ecclesiae suae,
necnon et Marcellus episcopus Ancîrae Galatiae depositus
fuit, sed postmodum proprium recepit episcopatum. Asclepius
item iudicatus a synodo ecclesiam suam postea recepit. Lu-
cianus episcopus Adrianopolitis damnatus a papa Iulio recepit
ecclesiam sui episcopatus. Item Cyrillus Hierusolimitanus
depositus fuit, postea reconciliatus est ecclesiae suae. Simili
modo et Policronium eiusdem ecclesiae Hierusolimitanae pontificem Xistus papa damnauit et iterum ipse eum reconciliauit.
r. 22 Innocentius quidem papa Fotinum damna*uit episcopum, sed
ipse postea eum in proprio restituit loco ecclesiae suae. Item-
que Misenum episcopum a Felice papa damnatum Gelasius
papa, successor illius et communicauit et ecclesiae suae restituit sacerdotem. Leontius autem dum esset presbiter, depositus fuit, sed postea in Antiochia patriarcha extitit. Gregorius uero quartus papa Theodosium, quem Eugenius eius an-
tecessor presbiteri honore priuauerat, sanctae ecclesiae Sig-
niuae consecrauit episcopum. Ybas namque episcopus iudicatus fuit, sed sancta synodus canonice suam illi restituit ecclesiam. Rothadum uero episcopum Sessoniensis ecclesiae a
synodo, cui Carolus rex interfuit, condemnatum et Soffrenum

---

(1) Eccl. 28, 3.   (2) Cfr. In-   Invect. in Rom. p. LXXIII, ubi eadem
fens. et Def. c. 21 (Mabillon p. 47).   leguntur.

Placentinum episcopum merito reprobatum Nicolaus papa reconciliauit.

Ex epistola sancti Gregorii papae ad Secundinum inclausum. *Gregorius Secundino seruo dei inclauso. Nam tua sanctitas nos requisiuit, ut tibi — — spiritus contribulatus.*ᵃ *Deni-* f. 22'
*que beatum Petrum — — negare praedixit.*ᵇ f. 23

Ecce quibus et quantis testimoniis patet, quod uir domini Formosus non audacter, sed christiana indulgentia et sanctorum patrum auctoritate Romam introiuit et quod suae eccle-siae misericorditer restitutus fuerit iuxta illud, quod ad ecclesiae ministrum per Iohannem dicitur:[1] *Memento, unde cecideris et age poenitentiam et prima opera fac.*

C. VII His hoc modo digestis uideamus, si hortatu cleri et populi ab episcopali ministerio in apostolatus sedem debuit f. 23' transferri. Antherii papae. *Unde sanctam sedem — —* f. 24 *ad alteram ciuitatem.*ᶜ Haec Antherius.

Item apud chronica Graeca. *Imperante igitur Romanorum secundo anno Arthemio, qui est et Anastasius, tertia decima indictione undecima die mensis Augusti translatus est de metropoli Zizico Germanus archiepiscopus Constantinopolim — — sanctissimum archiepiscopum.*ᵈ

Item Gregorius Nanzianzenus prius unius ciuitatis Cappadociae fuit episcopus, quae Sasima dicebatur, deinde a beato Basilio et aliorum episcoporum consensu Nanzianzo constitutus est.[2] Sunt et alii quam plurimi, qui necessitatis

(a) *Gregorii opp. ed. Bened.* II, 968 (J. 1210) resurgendi insinuem. dicis. te legisse diuisasque sententias alios. alios. generalissimam sanctam Nicenam synodum cum. quatluor ueneramur. sequentes in cunctas sententias unanimes concordamur. a capite. ministrum haec forma suscipitur seruanda ut qui maiorem maior praecedit sicut honore. crimina. maiore impliceiur. et post poenitentia. fructum non recolligere. igitur *deest.* redire. quod caidi. et peccatori — unde *deest.* spir. rectum. ut ne a. pro lapsi exp. proph addidit. enim se dignum. poenitentia. doceam. peccata. mundata sua. (b) *Ib.* cuius nos corpus. illum ad apostolatum non distulit, qui ante se ipsum. (c) *Decretal. Pseudoisid.* p. 152 c. 2 (*De ordinat.* c. 1) humilitatis causa ac necessitate. ui aut. sed humiliter. a sede sua. (d) *Ex Theophanis chronographia* (p. 589—90 ed. *Classen*) *translatum* cf. de ordinat. c. 4.

(1) Apoc. 2, 5. (2) Cf. de ordin.
c. 2 f. 63, ubi additur: Haec autem partim reperiuntur in gestis, quae de

uita eius scripta sunt, partim in sermone ipsius, qui sintactirius appellatur. apertiusque in omelia inueniun-

5*

uel utilitatis causa de sede ad sedem uel de ciuitate ad ciuitatem translati sunt, quos commemorare fastidium duximus.
Haec sancti patres.

C. VIII. Attendite ergo, karissimi, quibus oculus simplex[1]
ac rectus est et uidete, quam probabilibus documentis ostenditur, quod reuerentissimus papa Formosus frustra maledico-
rum linguis confoditur. Scimus enim et uere scimus, admodum[a]
paucos esse, qui cum liuoris[1] morsu rodere non uerentur,
ceteri autem minarum pericula formidantes hoc de Formoso
palam profitentur, quod occulte sacrilegium esse testantur.
Quibus iure apostolica sententia[2] coaptari potest: *In prima
mea defensione nemo mihi affuit, sed omnes me dereliquerunt:
non illis imputetur.* Quod si eum aut spontaneo libitu aut
inueterato odio insatiabiliter carpere *decreuistis, ordinationem
eius, quae in tantum longe lateque dilatata est, ut etiam ecclesiasticae concordiae traduces ultra Latium extenderit, cur tantopere impugnare non erubescitis? Nonne, si ad uestram infamationem sic repente praecipitatur, quid aliud restat,[3] nisi ut ab
eiusmodi episcopis dedicatae ecclesiae, altaria consecrata et
chrismata sollemniter instituta, nihil omnino fuerint? Similiter
autem tam ab episcopis quam a ceteris sacerdotibus fontes
in remissionem peccatorum sanctificati et missarum sollemnia
in dominicis diebus ac diuersis festiuitatibus frustra, ut blas-
phemant, celebrata sint. Oblationes quoque tam pro uiuis
quam etiam pro defunctis immolatae, quod dictu nefas est,
tamquam nugaces perierint; matutinae seu uespertinae ac
reliquarum preces orarum uelut ineptae non sint exauditae;
leuitarum uero ac subdiaconorum officia in uacuum ammini-
strata sint ac per hoc uniuersa ecclesia, quae huic ordinationi

(*Mabillon anal. vet. p. 33*) astante, apocrisiario reuerent. michahelio, quae nouit semper,
erigere, praesentem romanum.   (a) ammodum *corr.* admodum *B.*   (b) liboris *B.*

tur, quam ipse de se apud Constantinopolim aduersus eos disseruit, qui
eum sedem illam desiderasse dicebant.
(1) Matth. 6, 22.   (2) 2 Tim. 4, 16.

(3) Quid aliud restat — sanctificationis
habuisse repetuntur in libro de ordinationib. c. 28 (p. 37 ed. Mabillon).

synodicum praebuit assensum, unius criminis arguatur. *Quippe non solum qui faciunt, sed et qui consentiunt facientibus,*[1] parilem excipiunt uindictam.* O incomparabile sacrilegium! Quis enim de timentibus deum aequis auribus haec audire poterit, ut non statim christiano zelo commotus scandalizetur? Nonne linguam melius fuerat particulatim dari auibus,[2] quam in tantam prorumpere uesaniam?[3] Scimus enim, quia necessitatis causa etiam laico baptizare licet, sed aliud est periculo mortis urgente laicum posse dare baptisma et longe incomparabiliter aliud est ad sacerdotum preces ac benedictiones et chrismatum ammixtiones et cleri ac populi uotiuas responsiones, fontes in remissionem peccatorum sanctificatos nihil omnino, ut isti uolunt, sanctificationis ac benedictionis habuisse. Nos autem eandem ordinationem idcirco ratam et legitimam esse non ambigimus, quia, ut supra ostensum est, sanctorum patrum scriptis et exemplis instituta *dinoscitur. In- f. 25 super et auctoritate uenerandae synodi concorditer roborata monstratur:[4] cui synodo non solum sanctae Romanae ecclesiae praesules, uerum etiam Francorum archiepiscopi, episcopi, presbiteri, diaconi apud Rauennatem urbem interfuisse noscuntur. Nihilominus autem et Constantinopolitana ecclesia hanc ordinationem complexa dominicae[a] pacis concordiam regulariter fouet.

C. IX Sanctus denique Hieronimus in altercatione contra Luciferianum ita disputat:[5] *Sicut hic est, qui baptizat id est Christus, ita et hic est, qui sanctificat,* ac si dicat: siue peccator siue sanctus sit sacerdos, qui baptizat aut sacrificium immolat, ego securus baptizor securusque communicor, quia Christus per semedipsum baptizat, per semedipsum corpus suum sanctificat. Quando quidem non solum spiritu sed etiam aqua ipse baptizat secundum apostolum dicentem:[6] *Sicut*

(a) domicę *B.*

(1) Rom. 1, 32.   (2) 2 Macc. 15, 33.   c. 29.   (5) Hunc locum non inueni.
(3) Esth. 16, 5.   (4) Cfr. Inf. et Def.   (6) Ephes. 5, 25. 26.

*Christus dilexit ecclesiam suam et seipsum tradidit pro ea,
mundans eam lauacro aquae in uerbo.* Nonne si dominus
Christus sicut per se baptizat, ita et per se hostiam sui uiui-
fici corporis et sanguinis sanctificat, ergo et sacri ordinis,
per quem talia geruntur, ipse intellegendus est auctor, ac per
hoc qui ordinandus est, securus ad sacrae unctionis accedit
ministrum, quia desuper bonum habet magistrum. Ergo si
uir domini Formosus cuiquam displicet, ordinatio tamen eius
his, qui sani capitis sunt, displicere nullatenus potest, quin
potius si periclitandum est, eos periclitari regulariter conuenit,
qui talem eligere non dubitauerunt, quem merito canonica
reprobare possit auctoritas. Nobis autem, qui de longinquis
terrarum spatiis ad apostolorum principem confluximus et ab
eius uicario consecrationem, ut consuetudinis est, suscepimus,
officere nullatenus debet, sed magis Romanae ciuitatis populo
ascribendum est,' qui eum sine cuiuslibet gentis obsidione
eligere decreuerunt² eique manus ac pedes iugiter deosculan-
tes et cum eo per singulas stationes missarum *sollemnia
celebrantes et eucharistiam dominici corporis et sanguinis ab
eo percipientes, donec aduixit, in omnibus ecclesiasticis officiis eius participes extiterunt.

C. X Addimus praeterea sed coacti, quod super apostolico uiro addere uerecundum putamus. Num quidnam uenerabilis pater Formosus heretica colluuione maculatus inhorruit, ut eius longe lateque protelata consecratio possit irrita
fieri? Reuera enim exceptis emulis omnes, qui eum nouerunt,
certo certius compertum habent, quod non solum orthodoxus
claruerit in fide, uerum etiam sedulus in iciuniis et obsecra-
tionibus et parcus in abstinentia et peruigil in sacris fuerit
excubiis; elemosinis quoque et bonis operibus ammodum
plenus et castimonia praeditus et, quod est praecipuum, mo-
destiam, quae cordi eius inerat, angelico praeferebat uultu.

---

(1) Cfr. de ordination. c.29 (ed. Mabil-   et Def. c 1, 20 (p. 41, 46).   (2) Ib.
lon p. 38), ubi similia inveniuntur, Inf.   c. 25.

Volumus interea discere, hi, qui seriatim ante nos fuerunt
apostolici uiri, cur eiusmodi depositionem facere minime decreuerunt. An sola sanctitas uestra oculos apertos habet ad
tam magnum per totam Hesperiam scandalum Christi sacerdotibus ingerendum, non metuens saluatoris[1] sententiam dicen-
tis: *Qui scandalizauerit unum de pusillis istis, qui in me credunt, expedit ei, ut suspendatur mola asinaria collo eius et de-
mergatur in profundum maris.* Denique Stephanus papa facto
conuentu non ex aliis episcopis, presbiteris uel diaconibus
sed ex eis utique, qui cum uenerabili papa Formoso per annorum spatia communicauerant et ei in sacris ministeriis participes fuerant, more cruentae bestiae humanitatis immemor
corpus eiusdem Formosi in eundem conuentum afferri prae
cepit et quia uiuo nihil nocere poterat, saltem ex putrido ca-
dauere, cui iam ᵃ.. inerat mensis, suam satiaret feritatem. Mira
domini gratia *adhuc cunctorum in eo artuum compago in- l. 26
tegra sine putredine perseuerabat. Tunc[2] exuentes illum
apostolicis amictibus usque ad cilicium, quo se ad carnem
dum aduiueret uestiebat, induerunt laicis indumentis et, quod
est crudelius, amputatis duobus dexterae digitis iussit eum
inter peregrinorum tumulos sepeliri.[3] Post aliquantum uero
temporis in tantam prorupit uesaniam, ut eum de sepultura
latenter extrahi fecerit et in collo eius quaedam ligari pondera
et in fluuium mergi praeceperit, ordinationes tamen eius procul existentes, sicut omnes nostrarum regionum testes exi- ɟ
stunt, exagitare non ausus est. Cui te, ô crudelior crudelissi- ˎ
mis Stephane, cui assimilabo? num quidnam Neroni, Dio-

(a) *Spatium uni verbo congruum vacuum relictum est: fortasse nonus aut tale quid supplendum est.*

(1) Matth. 18, 6. (2) Cfr. Inf. et
Def. c. 30 (ed. Mabillon p. 50), ubi similia leguntur; Synod. Roman. c. 1
(f. 101') Sinodum tempore piae recor-
dationis sexti Stephani papae, deces-
soris uidelicet nostri, celebratam, in
qua uenerabile corpus Formosi papae

sepultura uiolata per terram tractum
est et quasi ad iudicium adductum
iudicari et damnari praesumptum est,
quod numquam decessorum nostrorum
temporibus fuisse auditum est, penitus
abdicamus etc. (3) A. 897 e Februar.
mense.

elitiano ceterisue tyrannis? quippe nemo eorum tale quid ca-
daueri plurimorum dierum fecisse narratur. Iam uero pro
talibus ausis quae ultio secuta sit eum uel quo laqueo miseram exhalauerit uitam, omnibus notum est.[1]

C. XI Interea deus, cui cuncta famulantur elementa, non
passus est tantum latere scelus nec famulum suum sub Ty-
berino iacere gurgite. Ad medium ferme noctis, qua ibi
praecipitatus fuerat, concrepantibus tonitruis et coruscationi-
bus crebris insurgentibus ualidissima inundatione excreuit
fluuius et mox praefatum cadauer solutis ponderibus ferens
per milia quasi uiginti compactum et integrum exposuit ad
ripam prope titulum sancti Acontii. Post triduum uero cui-
dam monacho per uisionem apparens: ego sum, inquit, Formosus papa, perge itaque, tolle corpus meum a flumine de-
ductum. Ille autem, iuxta quod fuerat ammonitus, pergens
inuenit, agnouit et propter inimicorum insidias clanculo sepe-
liuit. Nec multo post Theodoro papa iubente clerus ac
f. 26' populus cum psalmis *et ymnis, cereis et thimiamatibus in
magna gloria reduxerunt eum in urbem et inducentes eum
apostolicis amictibus, adhuc enim integer existebat, una cum
eodem papa Theodoro detulerunt illum in basilicam apostolorum principis, ad ipsam scilicet confessionem ibique immolata
pro eo dominica hostia efferentes eum inter apostolicas tum-
bas suo restituerunt sepulcro.[2] Postmodum uero nonus Iohannes papa Rauennam profectus est ibique conuocata synodo[3]
una cum Francorum archiepiscopis, praesulibus, presbiteris,
diaconibus utpote apostolorum uicarius ex auctoritate domini
censuit atque praefixit, ut si forte quis apostolicum patrem
Formosum eiusque ordinationes reprobare temptauerit, anathematis obligatione tam in caelo quam in terra teneatur
obnoxius.

O nefas ingemiscendum atque dolendum! *Saluator*, ut

---

(1) A. 897 c. Iulio mense in carcere   exeunte cf. Inf. et Def. c. 4 p. 43.
strangulatus est.   (2) A. 897   (3) Cfr. Inf. et Def. c. 29 p. 50. A. 898.

ipse testatur,[1] *uenit quaerere et saluum facere, quod perierat*
et iuxta Ezechilis uaticinium[2] *uenit quod fractum fuerat alli-*
gare et quod infirmum fuerat consolidare, isti e contrario,
quod per tot annos firmum et fortius perseuerat, subuertere
nituntur. *Multum erigimini filii Leui*,[3] mementote, quia
homines estis.

Nonne coram deo et hominibus bonae uolun-
tatis iustum esse decernitur, ut si quando apostolici uiri, quod
deus auertat, se alterutrum arguentes deponere non uerentur,
ordinatio anterioris apostolici reprobari nullatenus debeat?
Illi enim tamquam praeuaricatores obiurgandi sunt, qui talem
eligere sunt ausi, cui sacri canones obuiare noscuntur. Nos
autem, qui de longinquis regionibus ad apostolorum limina
properamus, sacrae unctionis charismatibus, quae per illorum
pontificem accipientes initiamur, nullatenus a posteriore apostolico expoliari debemus, excepto si pro nostris criminibus
hoc pati *meremur. Attendat caelum et consideret terra, si f. 27
quod semel apostoli Petri uicarius, immo per eum apostolus
Petrus nobis, qui de longinquis terrarum spatiis ad eum
profecti sumus, semel conferre dignatus est, ad alterius rixas
et contentiones omittere debeamus. Porro si nos de propriis
reatibus iuste uel iniuste excommunicare uoluerit eius sententiam aequanimiter tolerare debemus, immo quantocius humi-
liari, donec ab eius ore benedici et absolui mereamur.

C. XII *Super cathedram Moysi*, ait euangelium,[1] *sederunt*
scribae et pharisei, omnia, quae dixerint uobis, seruate et facite,
secundum opera uero illorum nolite facere. Omnia enim in
hoc loco nonnisi in bonam partem accipi possunt: alioquin
Iudei, qui scribarum et phariseorum consilio atque ortatu dominum crucifixerunt, immunes a tanto scelere esse debuerunt. Ut
enim beatus scribit Hieronimus, ubi de frugi et luxuriosis
filiis disputat, *omnia non semper ad totum referenda sunt, sed*

---

(1) Luc. 19, 10. (2) Ezech. 34, c. 33 (ed. Mabillon p. 38, 46), ubi similia
16. (3) Numer. 16, 7. (4) Matth. invenies.
23, 2.3. Cfr. Inf. et Def. c. 16, De ordinat.

plerumque ad maximam partem uti est illud — — Ihesu Christi.[a]

Oportet nos ergo non solum apostolicis patribus, uerum etiam omnibus nostris optemperare praepositis, sed utique non in illis, quae manifesta ratione deo inimica esse probantur, quia omne, quod dei aequitati contrarium est et qui iusserit et qui fecerit, caelesti ultione plectentur iuxta illud:[1] *Odit dominus omnes, qui operantur iniquitatem et perdet eos, qui loquuntur mendacium.* Inde nimirum est, quod apostolus

f. 27′ ait:[2] *Minister dei est tibi in bonum.** Cur addidit in bonum, nisi quia non in malum, quapropter omni humanae potestati

f. 28 in bonum subditi esse debemus,* in malum autem nequaquam. Debemus itaque optemperare illis, nihilominus autem oportet illos nobis clementes esse, dicente apostolo:[3] *Filii oboedite parentibus uestris et uos patres nolite ad iracundiam prouocare filios uestros.* Sanctus denique Gregorius in uicesima sexta euangeliorum omelia, cum de ligandi atque soluendi auctoritate loqueretur, adiungens ait:[b] *soluendi atque ligandi auctoritatem suscipiunt, qui gradum regiminis sortiuntur. Grandis honor sed graue pondus istius est honoris;* et post pauca: *saepe fit, ut erga — — absoluere conatur;* et infra:

f. 28′ *sub magno moderamine — — non erat, fiat.* *Haec sanctus Gregorius. Quamobrem aspiciant, qui diuinum formidant iudicium, quemammodum per eundem egregium dicatur doctorem, quod digne iudicare de subditis non ualeant, qui in subditorum causis suum uel odium uel gratiam sequuntur, praecipiturque pastori, ut caueat indiscrete quemquam ligare caueatque mortificare animas, quae non moriuntur aut uiuificare animas, quae non uiuunt, praecipiturque eis, qui subiecti

---

(a) *Totum hunc locum uide in epist. Hieronymi ad Damasum* 21 *(Hieronymi opp. ed. Vallarsi, ed. alt. Venet.* 1769, I, 84). *Cf. etiam Inf. et Def. c.* 16.   (b) *Gregorii opp. ed. Bened. (Paris* 1705) *t. I,* 1555, 1556. *suum uel odium. cfr. De ordinationib. c.* 36 *nostri codicis f.* 74, *Inf. et Def. c.* 15.

(1) Psalm. 5, 7.   (2) Rom. 13, 4.   (3) Ephes. 6. 1.

sunt, ut pastoris sententiam uel iustam uel iniustam praeuaricari omnino timeant, sed reuera non in illis quae christianam religionem impugnant.

C. XIII Ueruntamen quia de ligandi ac soluendi potestate fecimus mentionem, libet etiam paucis commemorare, qualiter eam alii sancti doctores intellegunt: quippe unus spiritus fuit in eis et una fides. Beatus namque Hieronimus exponens iuxta Matheum euangelii[1] capitulum: *quaecumque alligaueritis super terram — — soluta et in caelo* ait: *istum locum non intellegentes — — uita quaeratur.*ᵃ

Ex epistola sancti Augustini ad Auxilium episcopum pro causa iniustae excommunicationis. *Non uideo quomodo recte anathematizetur — — ipsa morietur.*ᵇ   f. 29

Eiusdem sancti Augustini in libro de summo bono.[2] *Secundum catholicam fidem et sanam doctrinam nec naturae dei nocere potest quisquam nec natura dei iniuste nocere cuiquam neque nocere impune patitur quemquam. Qui enim nocet, ait apostolus,[3] recipiet id quod nocuit.*

Eiusdem sancti Augustini in libro de baptismo. *Pax ecclesiae dimittit peccata et ab ecclesiae pace · alienatio tenet peccata nec secundum arbitrium hominum sed secundum arbitrium dei; petra tenet, petra dimittit; columba tenet,' columba dimittit.*[4]

Item in deuteronomio. Conduxit, inquit, *contra te Ba-* f. 29ʳ
*lac — — eo quod diligeret te.*ᶜ

Item in Salomone. *Sicut auis in contrarium — illud ueniet.*ᵈ

Item ibi. *Anima quae benedicit — — in maledictionem erit.*ᵉ

Item ibi. *Est confusio adducens peccatum et est confusio adducens gloriam.*⁵

(a) *Hieronymi opp. ed. Vallarsi (Venet.* 1769) VII, 124. *Cf. Inf. et Def. c.* 19.
(b) *Augustini opp. (Bassani* 1797) II, 1143 *cp.* 250 non natus. subuenire.   (c) *Deuteron.*
23, 4, 5.   (d) *Prouerb.* 26, 2. *Cfr. Inf. et Def. c.* 19.   (e) *Prou.* 11, 25.

(1) Matth. 18, 18.   (2) Augustini   25.   (4) August. de bapt. contra
de natura boni contra Manichaeos c.   Donatistas l. III. c. 18 (XII, 152.)
40 (X, 613) uel nocere.   (3) Coloss. 3,   (5) Eccli. 4, 25.

Item sancti Gregorii papae.[1] *In omni autem, quod de nobis extra dicitur, recurrere ad arcana mentis debemus et, si omnes uituperent, liber est tamen, quem conscientia non accusat, quia et si omnes laudent, liber esse non potest, si hunc conscientia accusat.*

Ecce, fratres mei, quam densis et quam copiosis sanctorum patrum documentis patenter ostenditur, quemammodum et ecclesiarum pastores cauere debeant, ne subditos sibi indiscreta moderatione uexare praesumant *et subditi cauere studeant, ne praepositorum sententiam tumida elatione contemnant. Restat ergo, ut praesules ecclesiarum sic agant cum subditis, quatenus non eis contingat, quod in libro sapientiae legitur:[2] *Quoniam cum essetis ministri regni illius non recte iudicastis neque custodistis legem neque secundum uoluntatem dei ambulastis; idcirco horrende et cito apparebit nobis, quoniam iudicium durissimum in his, qui praesunt, fiet.* Et e regione hi, qui subditi sunt, sic agant cum suis praepositis, ut non iudicentur ab illo, qui dicit:[3] *Qui uos audit me audit et qui uos spernit me spernit,* sed potius omnes et qui praesunt et qui obsequuntur ibi quandoque simul gaudere mereantur, ubi non est[4] *Iudaeus et gentilis, seruus et liber, barbarus et Scitha, sed omnia et in omnibus Christus.*

C. XVIIII Et hoc non praetereundum, quod sacri ordinis subuersores, de quibus supra latius inculcatum est, gratulantes aiunt: quis est iste uir imperitus, qui sibimet tantam usurpat auctoritatem, ut contra Romanae sedis pontificem, qui iudicat omnes et ipse a nemine iudicatur, prorsus audeat loqui; pro talibus quidem dictis dignus est anathemate plecti. Audiat quisquis *ille est, falsus testis non erit impunitus.*[5] Nos autem aduersus Romanae sedis pontificem nihil omnino, quod indecens est, loqui praesumimus, sed tantum agnoscamus uocem

(1) Cf. Gregorii in Ezech. 1. I hom. 9   6.5.6.   (3) Luc. 10, 16.   (4) Coloss.
(opp I. 1255 . ubi eadem sed aliis verbis   3. 11.   (5) Prov. 19, 9.
dicit; Inf. et Def. c 19.   (2) Sapient.

pastoris et quod iusserit, humiliter faciemus. Porro qui nobis
eiusmodi crimen impingit, recolat, quia seruus, ne innocens
uerberetur, clamat ad dominum suum. Attendat etiam iustum
Iob dicentem:[1] *Si contempsi subire iudicium cum seruo meo
et ancillae meae cum disceptarent aduersus me.* Ad maiora
conscendam. Licet enim homini formidandum sit cum deo
concionari, Abraham tamen dicit ad dominum: *Numquid perdes
iustum cum impio — — qui iudicas omnem carnem.*[a] Nihilominus autem et Moyses mortali carne grauatus quasi ratio-
cinari cum deo uidetur, ubi dominus dicit ad eum: *Cerno
quod populus iste durae ceruicis sit, dimitte me, ut deleam eos
faciamque te *in gentem magnam.* Et ille: *Cur, domine, ira-* f. 31
scitur furor tuus — — deleret e terra.[b] Item alibi: *Et dixit
dominus ad Moysen: usque quo detrahet mihi — — quam haec
est,* et ille: *Ut audiant Egyptii — — in solitudine.*[c] Hieremias
quoque dicit ad dominum:[2] *Iustus quidem tu es, domine, uerumtamen iusta loquar ad te: Quare uia impiorum prosperabitur,
bene est omnibus, qui praeuaricantur et inique agunt?*

His itaque breuius replicatis quis non uideat, quantae
dementiae sit, prohiberi quemquam *suas apostolicae pote- f. 31'
stati exponere querimonias, ne ab his quae iniuste patitur,
eius solita pietate liberetur. Reuera enim nostra querella non
pro quibuslibet uociferatur commodis, sed sacrae unctionis
charismate, quod per apostolicas manus, immo per ipsum apostolorum principem accepimus, ad istiusmodi infamationem
nos expoliari nullatenus consentiemus, quoniam quidem talem
in caelo habemus iudicem, qui non secundum auditum aurium
neque secundum intuitum oculorum iudicat,[3] sed omnia nuda
et aperta sunt oculis eius[4] ideoque reddet unicuique non iuxta
humanum arbitrium sed secundum opus[5] et adinuentionem
manuum suarum. Huius rei gratia omittant persequi, quos

(a) Genes. 18. 23—25.   (b) Exod. 32,9—12.   (c) Numer. 14. 11—16.

(1) Iob. 31, 13.   (4) Hebr. 4. 13.
(2) Ierem. 12. 1.   (5) Prov. 24, 29.
(3) Isai. 11, 3.

pastorali gubernatione fouere attentius debent propter eum,
qui dicit:[1] *Pastor bonus animam suam ponit pro ouibus suis*
et:[2] *Si diligis me, pasce oues meas.* Qui cum patre sanctoque
spiritu uiuit per infinita[a] secula. Amen.

LIBELLUS POSTERIOR.

f. 32   Ut iamdudum in priori libello causati sumus, optaueram
sacrae ordinationis persecutionem in praecordiis gemere et
non uocibus exprimere,[3] sed christianae religionis zelus me
silere minime permittit.

C. I   Causati enim sumus, quod Sergius, qui quorundam
Francorum fultus auxilio duobus uiuentibus apostolicis papa
superpositus est, sacram ordinationem, quae a pluribus annis
longe lateque propagata etiam ultra Italiam ecclesiasticae
concordiae propagines extendit, non canonice sed hostiliter
cum suis complicibus persequeretur. Et quia, ut dici assolet,
humanum est peccare, sed diabolicum perseuerare, putabamus,
ut a tam nefaria intentione poenitendo discederent. Illi autem more luporum, licet qui ouina pelle contecti[4] diu tamen
latere non possunt, iuxta quod dominus ait:[5] *a fructibus eorum cognoscetis eos*, consentanea facta synodo, quae magis con-
uenticulum quam synodus appellari potest — et hoc ipsum
a quibus episcopis uel presbiteris? nonne ab illis, qui uenerabili Formoso uel eius ordinationi hactenus participati fuerant — cunctos, quos aut ergastulis maceratos aut minis ter-
ritos uel etiam proemiis deceptos flectere aliquatenus potuerunt,
memoratam ordinationem negare compulerunt. Quosdam autem
ex illis, tamquam si nihil sacrae unctionis habuerint, nouum
imitati sacrilegium iterum consecrare non timuerunt, tamquam
f. 32' si prima in eis non *consecratio sed magis execratio fuerit.

(a) infinata *B.*

(1) Ioh. 10. 11.
(2) Ib. 21. 17.
(3 Cf. supra 1 c. 1.

(4) Matth. 7. 15.
(5) Ib. 7. 16.

Uae illis, qui talem susceperunt consecrationem, quoniam fidem negauerunt. Annon est fidem negare, ut caetera omittam, sacerdotium negando abicere, per quod Christi hostia a pluribus annis sanctificata et fideli populo dispertita est? Quod si, apostolo dicente:[1] *si quis suorum et maxime dome-sticorum curam non habet, fidem negauit et est infideli deterior*, quanto amplius fidem negasse et infideli deterior esse con-uincitur, qui sacerdotium, quo ipsa fides percipitur, irritum facere non ueritus est. Puto enim, quod eiusmodi pseudo-sacerdotum libamina uel quaelibet ecclesiastica ministeria deo nequaquam placeant et orthodoxis hominibus prorsus uitanda et detestanda sint. Atque utinam det illis deus poe-nitentiam, ne pro tanto sacrilegio in aeternum pereant, non quod secundo, ut ita dicam, sacerdotio digni habeantur. Sanctus denique Gregorius Romuleae sedis antistes et doctor mirabilis ad Iohannem Rauennatis ecclesiae in epistola inter alia sic scribit:[2] *Illud*, inquiens, *quod dicitis, ut is qui ordi-natus est, iterum ordinetur, ualde ridiculum est; sicut semel baptizatus iterum baptizari non debet, ita qui consecratus est semel, in eodem ordine iterum non ualet consecrari; sed si quis forsitan cum leui culpa ad sacerdotium uenit, pro culpa poenitentia indici debet et tamen ordo seruari.* Cernitisne, fratres mei, tanto testificante doc-*tore, quam nefarium quam- que reprobum sit, quemquam in hoc ipsum, quod prius ha-buerat, denuo consecrari?

C. II Adiciunt praeterea callidam explorationem dicentes: debet illicita remoueri ordinatio, annon? Ad quos responde-mus: debet et non debet. Utputa nonnumquam fit ordinatio, quae in tantum probatur illicita, ut nisi remoueatur, anathema sit et aliquando fit ordinatio, quae paululum uidetur illicita eique interdum pro temporis necessitate indulgendum est.

---

(1) 1 Tim. 5, 8.
(2) Illud — seruari *ex epist. Grego-rii Gregorii opp. ed. Bened. II. 60⁸ - 609.*

I. 833), *quae et ipsa laudatur in libro de ordinat.* 17. *inf. et def. c.* 5 10.,

Remoueri, inquam, oportet ordinationem, de qua Nicenus canon [1] ita decreuit dicens: *Si qui presbiteri sine examine sunt proueeti uel cum discuterentur peccata sua confessi sunt et homines contra canones moti manus eis confestim* [b] *ponere templauerunt, tales regula non ammittit, quia quod irreprehensibile est, catholica defendit ecclesia.*

In concilio autem Neocesariensi ita praefixum legitur: [b] *Presbiter aut diaconus si praeoccupatus corporali peccato promoueatur et confessus fuerit de se, quod ante ordinationem deliquerit, presbiter oblata non consecret manens in reliquis officiis propter studium bonum, diaconus quoque remoueatur. Quod si de se non fuerit ipse confessus et argui manifeste nequiuerit, potestatis suae iudicio relinquatur.* Calcedonensi denique concilio placet,[2] *ut qui absolute ordinantur,* [c] *remoueri debeant. Absoluta siquidem fit ordinatio, quando non specialiter* ecclesiae ciuitatis aut possessionis aut *martyrii aut monasterii qui ordinandus est, pronuntiat.* Papa quoque Siricius censuit,[3] *ut si per arrogantiam poenitens uel digamus uel uiduae maritus clericus factus fuerit, iam non promoueatur.* Ab heretico namque ordinati de suo statu canonice periclitantur, eo quod hereticus sacrum ordinem nec sibi habeat nec aliis dare possit, neophitos uero ecclesiasticae applicari militiae, apostolus prohibet.[4]

Sunt et alia, quae sacro ordini probantur inimica, uerumtamen in authenticis canonibus nihil omnino monstrari potest, quod eidem ordinationi, de qua questio uentilatur, obuiare possit. Sed, ut dicere coeperam, necessitate imminente quaedam in ecclesia fieri permittuntur, quae necessitate cessante permittenda non sunt. Notum est enim, quod Bonosiaci heretici comparandi sint Iudaeis, eo quod Christum deum ex

---

(a) confestim *B.* manus confessis imponere *legitur apud Dionysium.*   (b) C. 9 (Mansi conc. II, 544).   (c) ordinatur *B.*

(1) C. 9 sec. interpretat. Dionysii (Mansi coll. concil. II, 680).   (3) J. 65 (Mansi III, 661).
(2) C. 6 (Mansi VII, 375).   (4) 1 Tim. 3, 6.

patris substantia ante secula genitum negare non timeant,
sicut Iudaei eius deitatem negauerunt et negant. Eos tamen,
quos Bonosus antequam damnaretur ordinauit, si uoluissent
reuerti, ne scandalum in ecclesia fieret, beatus papa Innocen-
tius¹ cum suis honoribus recipi sagaciter censuit. Quid etiam
de Nouatianis clericis sancta synodus Nicena censuerit, ad
memoriam reuocemus.² Ait namque: *De his,*ᵃ *qui nominant
se ipsos catharos id est mundos et aliquando *ueniunt*ᵇ ad catho-* f. 31
*licam ecclesiam, placuit sanctae et magnae synodo, ut accepta
manus impositione*ᶜ *sic maneant*ᵈ *in clero.* Acacio praeterea
damnato, quoniam fuerat heretica colluuione maculatus, eius
tamen ordinationem errore calcato ecclesia in suo statu manere permisit.

Ecce, quemammodum a Bonosiacis necnon et a Nouatianis uenientes ad catholicam ecclesiam clerici cum suis reci-
piuntur honoribus damnatoque Acacio ordinatio eius depo-
sita non est: et isti noui aemulatores uirum orthodoxum om-
nique bonitate refertum uipereis carpere linguis eiusque ordinationem per uniuersum Latium dilatatam crudeliter persequi
non desistunt.

C. III Huius denique persecutionis incentores insultando dicere soliti sunt: quare domnum apostolicum uestram causantes
depositionem infamare satagitis? anne scitis, quod omnis, qui
apostolicam dignitatem adeptus fuerit, ita ut in cathedra apostoli Petri sedeat, non dubium est, quod paradisi gaudia con-
sequatur, etiam si secus quam oportet apostolatum sibi cre-
ditum amministrat et aliter quam decet, in domo dei conuer-
setur? Uerum, ut ait quidam philosophus:

Sermo datur cunctis animis, sapientia paucis.

Sed cum tale aliquid nusquam legatur, unde tam perniciosa
opinio nasci potuit, praesertim cum apostolus Iacobus terribi-

---

(a) is *B.*   (b) si aliquando uenerint *Dionys.*   (c) sancto et magno concilio,
ut impositionem manus accipientes *Dion.*   (d) permaneant *Dion.*

(1) Epist. ad Rufum et Euseb. c. 5   (2) C. 5 sec. interpret. Dionysii
(J. 100, Mansi III, 1061).   (Mansi II, 680).

Auxilius und Vulgarius.   6

f. 34 liter clamet et dicat:[1] *Fides sine operibus mortua est* et doctor gentium:[2] *Non coronabitur*, ait, *nisi qui legitime certauerit*. Quid etiam de infelicissimo Iuda commemorem, qui ex apostolo factus est apostata? sed quia Christus est ueritas,[3] quem sceleratus ille uendere ausus est, omnis, qui ueritatem uendit, eius similis efficitur. Et hoc non paruipendendum, quoniam, si apostolus cecidit, facilius, nisi deum timeat, apostolicus cadere potest: reuera enim, *qui deum timet, nihil neglegit*.[4] Nicolaus quoque non ab alio aliquo, sed ab ipso Petro et ceteris apostolis est ordinatus, sua tamen uesania in tantum reprobus inhorruit, ut calcata ueritate nouam conderet heresim, unde dominus ad ecclesiam in apocalipsi[5] dicit: *Odisti facta Nicolaitarum, quae et ego odi*. Igitur non sine formidine recolendum est et quam maxime diuitibus et potestatibus, quod in libro sapientiae scriptum est:[6] *Cui plus committitur, plus ab eo exigitur et fortioribus fortior instat cruciatio*. Alias autem per quendam sapientem dicitur: ne laudes quemquam in uita sua, quia uidelicet, sicut nemo iniquorum, quamdiu in hac mortali uita subsistit, desperandus est, ita nemo iustorum, donec humanitatis debitum soluat, de percipiendis aeternae uitae gaudiis securus esse poterit.

C. IIII Inde nimirum scriptum est:[7] *Sunt iusti atque sapientes et opera dei in manu illorum et tamen nescit homo, utrum amore an odio digni sint*. Ad sublimiora conscendam: ipse etiam saluator noluit discipulos suos de perseuerantia in eo manendi reddere securos, sed conditione interposita dixit illis:[8] *Si manseritis in me et uerba mea in uobis manserint, quodcumque uolueritis et petieritis, fiet uobis*. Septuaginta duo praeterea discipuli reuersi sunt cum gaudio dicentes:[9] *Do-*
f. 35 *mine, etiam daemonia subiciuntur nobis in nomine tuo*. *Quos

(1) Iac. 2, 20. 26.   (6) Sapient. 6, 9.
(2) 2 Tim. 2, 5.   (7) Eccle. 9, 1.
(3) 1 Ioann. 5, 6.   (8) Ioann. 15, 7.
(4) Eccle. 7, 19.   (9) Luc. 10, 17.
(5) Apoc. 2, 6.

humilitatis magister noluit gratificis exhilarare uerbis, sed potius terrificans:[1] *Uidebam*, inquit, *satanan sicut fulgur de caelo cadentem*, ac si diceret: si archangelus per superbiam satanas effectus de caelo cecidit, facilius uos, qui fragilitate carnis grauamini, cadere potestis et idcirco de salutiferis signis et daemonum expulsione uobis gloriari non expedit. Et alibi exhortans eos ad humilitatem dixit:[2] *Cum feceritis omnia, quae praecepta sunt uobis, dicite, quia serui inutiles sumus, quod debuimus facere, fecimus.* Porro Zebedei filii matre interueniente, ut unus eorum ad domini dexteram et alter ad sinistram in caelesti regno sederent, audierunt:[3] *Hoc non est meum dare uobis, sed quibus paratum est a patre meo.* Quod beatus Hieronimus ita exponens: *Regnum*, inquit, *dei non est dantis sed accipientis — — accipietis illud.*[a] Nihilominus autem et sanctissimus papa Gregorius, cuius luculentis explanationibus uniuersa laetatur ecclesia, nihil tale aliquid de apostolicis pontificibus sentire dinoscitur, quin potius[b] ea saepissime in suis expositionibus loquitur, quae ad metum et tremorem omnium pertinent fidelium. Ex quibus est illud euangelicum:[4] *Multi enim sunt uocati, *pauci uero electi*, quod [f. 35'] exponens ait: *Multi quidem sunt uocati, pauci uero electi, quia et ad fidem plures ueniunt et ad caeleste regnum pauci perducuntur. Ecce enim ad hodiernam festiuitatem[c] quam multi conuenimus, ecclesiae parietes implemus et tamen quis sciat, quam pauci sunt, qui in illo electorum grege dinumerentur.*[5] Quid etiam beatissimus pater Augustinus de incerta securitate uniuscuiusque fidelium intellegat, non omittam. In libro namque, cuius titulus est: de correctione et gratia ita disputat, quod *perseueraturis sanctis sic quaedam in scripturis dicuntur — — et multa similia dicuntur.*[d] In isto temptatio-

---

(a) *Hieronymi opp. ed. Vallarsi* VII, 156 non est personarum acceptio.   (b) pontius *B.*   (c) festibitatem *B.*   (d) *Augustini opp. ed. Ven.* XIV, 949 *lib. de corrept. et gratia.* illa debent. alta sapere. eos profecto. et propheta. uelle et posse.

(1) Luc. 17, 24.   (4) Matth. 22, 14.
(2) Luc. 17, 10.   (5) Gregorii opp. I, 1513 l. I hom. 19.
(3) Matth. 20, 23.

f. 36 *nis loco — — esse non poterit.*[a] *Propter huius utilitatem —
— contingat auferri.*[b] Hucusque sanctus Augustinus.

His igitur scripturarum testimoniis praenotatis opinio
illa, quae super apostolicis patribus fallaciter inoleuerat, ueraciter
refutata est. Adulatores uero, qui eam procaciter disseminabant,
audiant tandem elogium suae mercedis, scriptura
dicente:[1] *Qui benedicit proximo suo uoce grandi de nocte
consurgens similis est maledicenti.* Propheta quoque de huiuscemodi
fauoribus[c] dicit:[2] *Oleum autem peccatoris non impinguet
caput meum.* Caeterum autem non solum qui uere est
apostolicus pastor, sed omnis, qui uere est episcopus, presbiter,
diaconus et, ut breuiter concludam, omnis, qui uere est
christianus et usque in finem perseuerauerit, saluus erit[3]
et caelestis patriae felicitatem laetus percipiet perceptamque
cum sanctis omnibus perenniter possidebit.

f. 36'   C. V Nonnulli praeterea leuitarum *cuiusdam emulationis
causa per uim facti sunt episcopi, postmodum uero spontanee[d]
dominici corporis et sanguinis hostias consecrarunt et
episcopale officium, ut moris est, peregerunt, deinde procedente
·tempore apostolici culminis ambitione succensi episcopales
infulas reliquerunt et in leuiticum, ut prius fuerant, reuersi
sunt ordinem. Huius rei gratia uellem scire, si haec
licenter facere potuerunt, eo quod sacris altaribus assistentes
missarum oblationes sacrificauerint et episcopale ministerium,
ut consuetudinis est, compleuerint. Scimus enim, quia Natalis
Salonitanus episcopus inuidia ductus archidiaconum suum
nomine Honoratum, si dici fas est, degradando presbiterum
fecit. Quod audiens beatus papa Gregorius indigne tulit destinatisque
epistolis eumdem Natalem, prout dignus erat,
uehementer arguit, Honoratum uero in archidiaconatum redire

(a) Ib. 950 non expedit esse securos·. et hoc. sicut est. ita et in.   (b) Ib. ne quis.
et aliquando. priusquam eis.   (c) fahoribus *B.*   (d) spontaneę *B.*

(1) Proverb. 27, 14.   (3) Matth. 24, 13.
(2) Psalm. 140, 5.

praecepit.¹ Sed de illo nequaquam legitur, quod ultroneus
uel inuitus missam fecerit, quamquam nemo inuitus missam
facere possit. Neque enim frustra per prophetam dicitur ad
dominum:² *Uoluntarie sacrificabo tibi.* Ergo quisquis ille est,
si non sacramenta confecit, si non populis tribuit, si non missam secundum consuetudinem compleuit, ut opinor, iuste in
leuiticum rediit honorem.

Hoc totum, fratres mei, cur memorare curauimus? nisi
quia Sergius, cuius pestiferam emulationem in exordio tetigi-
mus, licet per uim, ut ipse fatetur, tamen episcopus fuit et
missas, ut alii di*cunt, spontaneus iuxta consuetudinem com- f. 37
pleuit tribusque annis in eo loco, qui ad Cere uocatur, ecclesiae genitricis dei semperque uirginis Mariae episcopatum
amministrasse fertur. Postmodum uero apostolici fastigii desiderio inflammatus in diaconium rediit; qui tandem aliquando
uoti compos effectus episcopos, presbiteros caeterosque Christi
ministros, quibus praeualere aliquatenus potest, subuertere
non ueretur atque utinam corporaliter tantum et non spirita-
liter illos afficiat! Pro nefas, impellit eos irritum facere, quod
sine animae periculo irritum fieri nequaquam potest et cogit
eos accipere, quod denuo in id ipsum accipi sacrilegium est,
immo noua heresis.³ *Exurge, quare obdormis domine,*⁴ *exurge,*
interueniente apostolo Petro, *memor esto obprobrii seruorum*ˆ
*tuorum,*⁵ memor esto periclitantis ecclesiae tuae: tu enim ad
apostolorum principem polliceri dignatus es,⁶ *quod portae inferi non praeualeant aduersus eam.* Haec nimirum mater est
uniuersae christianitatis, cuius radice omnium ecclesiarum
propagines fecundantur, cuius mamillas fideles populi cum
regibus ac principibus pariter sugentes ad aeternae uitae
conuiuium praeparantur,. cuius iudicio totius orbis errata corriguntur. Et quomodo in ea tam peruersum scelus contra

(1) Cfr. Gregorii opp. II, 503, 581   (4) Psalm. 43, 23.
(J. 721, 810).   (5) Psalm. 88, 51.
(2) Psalm. 53, 8.   (6) Matth. 16, 18.
(3) Cfr. de sequentib supra l. I c. 1.

dei sacerdotes oriri potuit? An illud est, quod beatus Gregorius in omelia loquitur:[1] *Considerate*, inquiens, *quid de gregibus agatur, quando lupi pastores fiunt: hi enim custodiam* f. 37' *gregis suscipiunt,[*] qui insidiari gregi dominico non metuunt, contra quos dei greges custodiri debuerant.* Huius denique ordinationis uox est in canticis canticorum:[2] *Filii matris meae pugnauerunt contra me.* Nec mirum: sancta enim ecclesia, donec mundi terminus ueniat, ad instar lunaris globi[a] modo crescit, modo decrescit, nunc beatorum pontificum doctrina et salutiferis actibus clara refulget, nunc per reprobam uitam carnalium sacerdotum moresque sinistros uelut interlunium ad tempus obscurari uidetur. Sed qui uere sunt filii eius nec prosperitatibus extolluntur nec aduersitatibus deiciuntur, sed aequo animo usque in finem perseuerantes aeternae beatitudinis coronam percipient.

C. VI Omnibus interea patet et neminem latet, ordinationem illam multipliciter dilatatam et caritatis uinculo cum omnibus orthodoxis esse conexam. At uero si nunc ad falsorum christianorum procellas, tamquam nihil omnino fuerit, sic repente praecipitatur, quid aliud restat, nisi ab eiusmodi episcopis per uniuersam Italiam dedicatae ecclesiae — — f. 38 prorsus perierint?[b] Similiter autem — — sanctificationis ha-'buisse.[c] Quis hoc nisi hereticus dogmatizare audeat? Nos f. 38' autem — regulariter fouet.[d] Quapropter isti sanctissimi censores de caelo uenientes si aequitatis et non odii amatores essent, decernerent utique, ut quemammodum huic ordinationi omnes generaliter praebuerunt assensum, ita et generale concilium canonice conuocarent et sic demum per uniuersale decretum iustissima censura deliberaret[3] et si praephatam or-

---

(a) gloui *B.*   (b) *Omisi, quae iam supra* c. 8 *libri* I *legimus.*   (c) *Ib.* tam in dominicis, quam in aliis, immolatae *deest.* assensum pariter periclitetur, hoc audire, nihil prorsus.   (d) *Ib.* et irreprehensibilem. ut — est *deest.* legitima esse dinoscitur. interfuisse leguntur, dominica pacis.

(1) Opp. I. 1503; Lib. I hom. 17   (3) Cfr. Inf. et def. c. 30 (p. 50). cfr. Inf. et Def. c. 12.   ubi similia proferuntur.
(2) Cantic. 1, 5.

dinationem, quod non credimus, uelut ficulneam infructuosam
abscidi et tamquam stercus de domo dei procul expelli oporteret uel etiam, si Sergius pater duobus uiuentibus apostolicis canonica auctoritate. superpositus est, euidentius claresce-
ret. Ac[a] per hoc cuius pars in redargutionem ueniret, merito exclamaret et diceret:[1] *Melius est a sapiente corripi,
quam stultorum adulatione decipi, quia, cum iudicamur, a domino corripimur, ut non cum hoc mundo damnemur.*[2] Haec
enim ad Corinthios apostolica est declarata benignitas, ut
boni semper in uno spiritu concordem sententiam proferant.
Hinc Prosper Aquitanus in poemate sententiarum dicit:[3]

> *Omnibus in sanctis pulcra est concordia pacis,*
> *cum multis unum conuenit atque placet.*

C. VII Postremo autem si uir domini Formosus cuiquam
reprehensibilis uidetur, non nobis officere debet, qui de longinquis terrarum spatiis ad apostolorum principem confluximus et ab eius. *quem repperimus, uicario, ut antiquitus in- f. 30
stitutum est, sacram unctionem accepimus, sed penitus Romanae ciuitatis populo[b] —· —.

C. VIII Quidam autem ex eis, quorum oculus simplex
non est,[4] ad haec respondere non erubescunt dicentes: uim
passi sumus et non ultronei sed coacti Formoso eiusque ordinationi participati sumus. O infructuosam apologiam! et
ubi est, quod saluator ait:[5] *Nolite timere eos, qui occidunt
corpus, animam autem non possunt occidere, sed potius eum
timete, qui potest et animam et corpus perdere in gehennam.*
Illis autem, qui uel ad utiliora certamina se conseruari ap-
petunt uel poenarum atrocitati succumbere formidant, ait:[6]
Cum persecuti uos fuerint in una ciuitate, fugite in aliam.

(a) Hac B.   (b) *Omisi quae sequuntur: qui cum — exiiterunt, quia supra c. 9 iam
legimus.*

(1) Eccle. 7, 6.   (4) Matth. 6. 22. Luc. 11, 34.
(2) 1 Cor. 11, 32.   (5) Matth. 10, 28.
(3) Bibl patr. Lugdun. VIII, 89   (6) Matth. 10, 23.
De obseruantia pacis: Moribus in san-
ctis etc.

Obiciunt autem ad haec dicentes: nec Dioclitianus nos nec
Maximianus de Christo interrogauit, ut nos martyrizandos
spiculatori traderemus. Hanc nimirum excusationem praecur-
sor domini Iohannes baptista non uerbo sed opere dissoluit,
qui interrogatus non est, utrum crederet in Christum et tamen, quia sceleratissimum regem arguens ueritatem non ab-
scondit^a in corde suo utique pro Christo capite truncari me-
ruit, qui dixit:[1] *Ego sum ueritas.* Ueruntamen istiusmodi
apologiam psalmographus incurrere metuens dicebat:[2] *Pone,*
*domine, custodiam * ori meo et ostium circumstantiae labiis meis,*
ut non declines cor meum in uerbum malum ad excusandas ex-
cusationes in peccatis.

Quis enim nesciat, quod quicumque in sacris ordinibus
delinquat et quam maxime ubi summus ordinatur pontifex,
in deum procul dubio delinquat. Et certe scriptum est:[3] *Si*
peccauerit homo in hominem, potest ei placari dominus, si au-
tem in deum peccauerit, quis orabit^b *pro eo?* Alias autem quo
pacto uiolentia dici potest, quandoquidem non damna rerum,
non iacturam honoris, non saltem alapam sustinuit ille, qui
se illicitis ordinationibus per uim communicasse fatetur.
Nempe apostoli uox est ad Hebreos:[4] *Nondum usque ad san-*
guinem restitistis aduersus peccatum repugnantes, et quibus hoc
dicebat electionis uas?[5] illis uidelicet, qui magnum certamen
passionum sustinuerant et rapinam bonorum suorum cum
gaudio susceperant.[6]

Sed, ut dicere coeperam, quidam ex eis, quod absque
uerecundia exprimere nequeo, ad instar lanifici instrumenti,
quod a noluendo uindile appellatur, ad cuiuslibet suasionem
uel minarum asperitatem in mendacium deuoluuntur^c et ob-
durata fronte illum, quem fauente clero ac populo papam or-

(a) a...dit *B* mediis litteris cum margine abscisis.   (b) orauit *B*.   (c) de-
uolbuntur *B*.

(1) Ioann. 14, 6.   (4) Hebr. 12, 4.
(2) Psalm. 140, 3. 4.   (5) Act. 9, 15.
(3) 1 Reg. 2, 25.   (6) Hebr. 10, 32. 34.

dinauerant eique per dies plurimos participati fuerant, repente
irritum faciunt et apostatam pariterque inuasorem appellant
eique insultantes aiunt: non spontanei, sed terrore compulsi
ordinauimus te formidantesque pericula tibi obsecuti sumus.
Qua de rê, si fari liceat, istud est *daemonium meridianum,*
quod non *timet ille, qui in protectione dei caeli commorabi- f. 40
tur.[1] Ecce hi sunt, qui reuerentissimam ordinationem homi-
nis dei toto annisu praecipitare desudant. *Medice cura te*
ipsum.[2] Fortassis enim aduersus me seuire incipiunt et acer-
rima iaculari conuicia. Ego autem in domino laudabo ser-
monem,[3] quoniam sicut nullius fauoribus extollimur, ita nullius infamationibus deicimur. Neque enim quemquam eorum
nominatim exprimere uisus sum, sed dixi: quidam ex eis,
quorum oculus simplex non est. *Ergo si quispiam irascitur,*
ut ait Sulpicius,[4] *ipse de se dicta manifestissime comprobabit,*
cum fortassis haec nos de aliis senserimus. Sed reuertamur
ad id, quod coepimus.

C. VIIII Aiunt enim: nobis collata est potestas, ut quodcumque ligauerimus super terram, ligatum sit et in caelo et
quodcumque solucrimus super terram, solutum sit et in caelo.
Absit enim, ut cuiquam deus potestatem nequiter agendi con-
tulerit, absit, inquam, ut diuini ministerii sacerdotes cuilibet
ad inferos praecipitare mandauerit. An non est praecipitandus ad inferos, qui denuo in sacerdotalem ordinem consecra-
tur, praeter si ciusmodi sacerdotium poenitendo reliquerit.
Qui sunt ergo pastores ecclesiae, quibus ligandi soluendique
facultas a domino commissa est? Primus quidem ut legen-
tibus patet, uniuersalis papa, uicarius scilicet apostoli Petri,
deinde sunt episcopi, postremo autem presbiteri, sed non secundum pastoris arbitrium, sed potius quisque secundum meritum suum aut soluitur aut ligatur. Quod ita sit, non mihi,

(1) Psalm. 90, 1. 6.
(2) Luc. 4, 23.
(3) Psalm. 55, 11.

(4) Vita b. Martini c. 27 Nam si
irascitur, de se ipse dictum fatebitur,
cum fortasse nos de alio senserimus.

sed beato credite Hieronimo. Exponens itaque cataᵃ Matheum
*euangelii capitulum: *quaecumque alliganeritis — — et in caelo,*[1]
ait: *istum locum — quaeratur.*ᵇ Haec sanctus Hieronimus.
Per prophetam quoque dicitur:[2] *Mortificabant animas, quae
non moriuntur et uiuificabant animas, quae non uiuunt. Non
morientem quippe mortificat.* ut ait beatus Gregorius,[3] *qui iustum damnat et non uicturum uiuificare nititur, qui reum supplicio
absoluere conatur.*

Sed siue,[1] inquiunt, iuste, siue iniuste obliget pastor,
*gregi timendum est, ne per elationem tumidae reprehensionis
culpa, quae non erat, fiat.*[5] Uera quidem sententia, sed non
ita intellegenda, ut illud, quod dicitur iniuste, sic accipiendum
sit, tamquam in illis, quae manifesta ratione deo inimica esse
probantur, cuilibet pastori optemperandum sit. Uerbi gratia
si te ad periurium, falsum testimonium, sacrilegium uel homicidium excommunicando impulerit, num quidnam in talibus uel
eorum similibus pastoris excommunicatio timenda uel facienda
decernitur? Nequaquam: quippe *non solum, qui faciunt,* apostoli uerba sunt,[6] *sed et qui consentiunt facientibus, digni
efficiuntur morte perpetua.* Caeterum autem si nos[7] ecclesiarum pastores de nostris offensionibus iuste uel iniuste obligare uoluerint, iuste uidelicet, si nostra praeces*serit culpa,
iniuste uero, si non habuerimus culpam, talis obligatio rec-
tissime formidanda est et diligentissime obseruanda, donec
per eius, qui obligauit, indulgentiam absolui mereamur.

Et quo,[8] inquiunt, pacto per apostolum dicitur:[9] *Qui resistit potestati, dei ordinationi resistit, non est enim potestas,
nisi a deo.* Audi, quo: in his enim, quae christiana lex abo-

---

(a) secundum *superscribitur.*

(1) Matth. 18, 18.
(2) Ezech. 13, 19.
(3) Gregorii opp. I, 1555.
(4) Quae sequuntur: Sed siue — —
perpetua repetuntur in libro de ordinat. c. 34 (ed. Mabillon p. 38), cf.
Inf. et def c. 15.

(b) *Hieronymi opp.* VII, 124. *cf. supra* 1 c. 13.

(5) Gregorii opp. I, 1556.
(6) Rom. 1, 32.
(7) si nos — mereamur repetuntur
de ordinat. c. 35 l. 1.
(8) Et quo — deliberatione ib. c. 31.
(9) Rom. 13, 2. 1.

minatur ac prohibet nulli umquam potestati oboedire uel consentire debemus, quin potius in quantum sine peccato possumus, resistere debemus, hoc est non materialibus armis, non dolosis machinationibus, sed rationabili responsione atque humillima deliberatione. Hinc est enim, quod alibi refert:[1] *Minister dei est tibi in bonum.* Cur addidit in bonum, nisi quia minister dei non est tibi in malum.

C. X   Hinc est etiam, quod beatissimi apostolorum, Petrum dico et Paulum, ethnico imperatori, cuius utique potestas a deo erat, resistere non dubitauerunt, unde factum est, ut Petrus crucis patibulo figeretur et Paulus capite truncaretur. An dicere possumus, quod pro Christi confessione gentilium ferocitati sit repugnandum et christianorum falsidicae potestati sit optemperandum? Et ubi est, quod apostolus Iacobus ait:[2] *Fides sine operibus mortua est.* Denique beatus Ambrosius resistens Theodosio, christiano scilicet augusto, ecclesiae ianuas clausit cumque ingredi non permisit. Et hoc non praetereundum existimo, quod doctor gentium inter alia scribens ad `Romanos:[3] *Uis,* inquit, *non timere potestatem, bonum fac et habebis laudem ex illa.* Hoc enim pater Augustinus in ser-*mone de festiuitate[a] sancti Laurentii ita exponit: *Quid, ergo* r. ir' *ait aliquis — — ipsa tibi laudis occasionem praebente.*[b] Haec sanctus Augustinus; nos autem, quod coepimus, prosequamur.

Super cathedram Moysi, ait euangelium,[4] *sederunt scribae et pharisei, omnia, quae dixerint uobis, seruate et facite.* Quis hoc iubet: procul dubio dominus Iesus. Omnia ergo[5] in hoc loco solummodo in bonam partem accipienda sunt, alioquin Iudaei, qui scribarum et phariseorum consilio atque hortatu eum crucifixerunt, immunes a tanto scelere esse debuerant,

(a) festibitate *B.*   (b) *Sermo* 302 (*Augustini opp.* VIII, 1230) ut potestate, de illo, quando faciendo bonum. ex illa martyr sanctus Laurentius. quid enim ait. bonum fecerunt. laudabit te deceperat te. Si enim iusta est potestas, habebis laudem ex illa etiam ipsa laudante. si autem.

(1) Ib. 13, 4, cfr. supra l. 1 c. 12.   (4) Matth. 23, 2. 3.
(2) Iac. 2, 20. 26.   (5) Cfr. supra c. 12.
(3) Rom. 13, 3.

f. 42 *sed quam magnum et qui dixerunt et qui crucifixerunt, habuerint peccatum, non solum sacra scriptura, sed etiam Romana testatur historia. Quod autem omnia non semper ad
totum, sed plerumque ad maximam pertineant partem, non
tantum diuini apices, quibus magis credendum est, sed etiam
gentilium librorum demonstrat auctoritas.[1] Deus enim odit
iniquitatem iuxta illud:[2] *Quoniam non uolens deus iniquitatem
tu és, odisti, domine, omnes, qui operantur iniquitatem.* Et
quomodo consequens est, ut deus, qui odit iniquitatem, pastoribus ecclesiae suae auctoritatem tribuerit operandi iniquitatem?

C. XI An non est iniquitas sanctam ordinationem, quae
a pluribus annis longe lateque per uniuersam Italiam Christo
famulatur, nunc ad istorum libitum uelut puerorum ludibria
praecipitari et quosdam idiotas et non plenae fidei sacerdotes,
quod dictu nefas est. iterum in sacerdotale ministerium consecrari? Reuera enim pontifex appellatur, quod pontem faciat,
haud dubium quin fideli populo, sed utique ad aeternam patriam et non cuiquam ad aeternum interitum. Papa quidem
ex Graeco in Latinum pater interpretatur, uidelicet quod eunc-
tos ecclesiae filios more paterno diligat atque gubernet, non
quod uenerabiles sacerdotes, qui per tot annos dominicas
hostias immolauerunt et populis tribuerunt iniqua degradatione
ac sacrilega consecratione deturpet ac deturpando a christiana
religione alienos efficiat. Nam boni pastoris est, ut ait quidam,
pecus pascere, non deglutire.

f. 42' Hactenus, inquiunt, non fuit,* qui talia conscribere prae-
sumserit. Numquid qui loquitur, non et audiet? Reuera enim
hactenus non fuit, qui eiusmodi sacrilegium in catholica ecclesia
positus committere ausus fuerit. Apostolicus, inquiunt, pontifex omnes iudicat et ipse a nemine iudicatur. Ita est, sed
quis eum iudicare contendit? Aliud namque est iudicare et
aliud est afflictorum gemitus in querellas prorumpere. Nos

---

(1) Cfr. de ordin. c. 33, ubi eadem   (2) Psalm. 5. 5. 7.
repetuntur.

enim neminem iudicare quaerimus, quoniam nec debemus nec possumus, sed contra iudicem crudeliter iudicantem lacrimosis questibus caelum et terram innocamus. Praepositorum, inquiunt,[1] mala non sunt a subditis denudanda, sed potius operienda: nam, qui denudauerit, Cham elogio denotabitur et qui operuerit, magno, ut Sem et Iaphet, praeconio glorificabitur. Uera quidem sententia, sed a praesenti negotio prorsus aliena. Nos autem praepositorum nequitias nequaquam detegimus, sed ab eis passim detectas et hostiliter iaculatas ferre non possumus, eorumque intolerabili uexatione coacti uociferamur. Fateor equidem, quia sacerdotali compassione stimulatus ad instar lagunculae musto fluctuantis ualidam mentis patior tempestatem et si non infirmitas impedimento esset, plurima de sacris uoluminibus in hoc ipsum conferendo respirare satageremus.

C. XII Attamen ad refellendam persecutorum tyrannidem id solummodo sufficere potest, quod de Bonosiacis aliisque hereticis supra retulimus:[2] ut puta si ab eiusmodi hereticis ad catholicam *uenientes ecclesiam sine aliqua degradatione f. 43 cum suis honoribus recepti sunt, quanto magis memorata ordinatio, quae a catholico ordinatore instituta est, inquietari nullatenus debet. Quam ob rem, reuerentissimi patres ac domini mei, quos sacerdotalis compassio tenet afflictos et christianitatis zelus accendit, quid interim agendum putatis? Nauiculam quippe apostolorum, ut ipsi cernitis, urgent uenti, fluctibus latera tunduntur.[3] Quid ergo aliud restat, nisi ut precibus excitetur ille, qui promittere dignatus est:[4] *Ecce ego uobiscum sum omnibus diebus usque ad consummationem saeculi*, et solita pietate imperet uentis et mari fiatque tranquillitas magna.[5] Et hoc cum factum fuerit, ammirantes dica-

---

(1) Cf. Inf. et Def. c. 13 (p. 45 ed. Mabillon).
(2) Cf. cap. 2.
(3) Cf. Hieronym. dialog. adv. Luciferianos c. 19 (opp. II, 191).

(4) Matth. 28, 20.
(5) Matth. S. 26 cfr. Auxilii epist. ad Leonem Nolan. episc. (ed. Mabillon p. 40).

mus singuli, dicamus omnes: *Qualis est hic, cui uenti et mare
oboediunt?* ' Sane si quando in oportunitatibus, in tribulatione
humanum auxilium deficit, diuinum est implorandum. Bonum
ergo certamen sit in desiderio, nam ex diuino adiutorio erit
in perfectione.

Et hoc non praetermittendum, quod sacri ordinis subuersores, de quibus supra latius inculcatum est, insultantes aiunt:
quis est iste uir imperitus, qui sibimet tantam usurpat auctoritatem, ut contra summum pontificem, apostolorum scilicet
uicarium, quod non decet, prorsus audeat loqui iamiamque
pro talibus ausis dignus est anathemate plecti. Audiat quisquis ille est: *falsus testis non erit impunitus.* ² Nos enim aduersus summum pontificem nihil omnino, quod indecens est,
f. 43' loqui praesumimus *Nam, qui uere est summus pontifex uere-
que apostolorum uicarius, diligenter attendit, quod dominus
ait ad primum ecclesiae pastorem: ³ *Si diligis me, pasce oues,
pasce agnos meos.* Meas, inquit, oues, meos agnos, utique
non tuos. Agnoscamus ergo uocem pastoris eiusque pasto-
ralem gubernationem et si quippiam dolore compulsi, quod
non debuimus, aduersus eum dicere ausi sumus, terrotenus
prosternamur, uerberibus arguamur, castigationibus emende-
mur. Ipse etiam saluator peccantibus in se, si tamen poenitentiam agant, ignoscere non dedignatur, cui cum patre sanctoque spiritu una est diuinitas, aequalis gloria, coaeterna maiestas per infinita saecula saeculorum. Amen.

(1) Matth 8, 27.   (3) Ioann. 21, 16. 17.
(2) Prov. 19. 9 cfr. 1. 1 c. 19.

Post Iohannem papam fuit Marinus, post hunc Adrianus, post hunc Stephanus, filius Adriani, post hunc Formosus, post hunc Bonifacius, post hunc Stephanus, qui fuit per quinquennium in Aganina ecclesia episcopus; iste persecutus est Formosum. Postmodum uero extitit Romanus, post hunc Theodorus, frater Theosii episcopi; iste nimirum Theodorus fuit de ordinatione iamdicti Stephani, filii Adriani. Hic est, qui reconciliauit ordinationem Formosi, quam praefatus Stephanus Aganinae ecclesiae per uim intus Romae et non foris deposuerat, nec tamen praesumpserat eos iterum consecrare. Iste namque Theodorus, ut diximus, eos reconciliauit et libellos abrenuntiationis eis reddidit et igni cremari praecepit. Deinde fuit Iohannes, qui ad confirmandam ordinationem Formosi synodum septuaginta et trium episcoporum in urbe Rauenna[a] statuit, in qua synodo etiam archiepiscopi et rex Francorum[1] affuerunt. Ibi namque coram eis igni combusta est synodus, quam memoratus Stephanus Aganinae ecclesiae in damnationem Formosi fecerat. Post hunc quoque Iohannem fuit Benedictus, filius Mammali, post hunc Leo, post hunc Christophorus inuasor; post hunc iste, qui praesens est, Sergius, quem praefatus Marinus subdiaconum fecit et Formosus fecit eum episcopum ecclesiae sanctae Mariae ad Cere. Praedictum namque Stephanum tunc fecit episcopum iamdictae ecclesiae Aganninae. Isti enim pontifices ecce iam per annos uiginti et sex Romanae ecclesiae praefuerunt.

(a) rabenna *B.*

(1) Lambertus imperator.

INCIPIT LIBELLUS IN DEFENSIONEM STEPHANI
EPISCOPI ET PRAEFATAE ORDINATIONIS.

f. 11 Inuidia infelix, perpende, quod primum mordax tui sis ideoque temet ipsam ad eruginis instar proprio telo uulneras, cuius obstinatio tanta est, ut quem semel odio habere coeperit, si eum uiuentem subuertere nequiuerit, mortuum dehonestare contendit.

C. I Uenerabilis Stephanus episcopus, qui nuper migrauit ad dominum, cuius sanctitatis fuerit cuiusque mansuetudinis, non solum Campania, uerum etiam omnes in circuitu positae regiones optime sciunt. Sed quia mali, ut dicere coeperam, semper odio habent bonos, quidam noui aemulatores eum contra canonum instituta inthronizatum fuisse confingunt. Quapropter audiant aemuli, quia reuerentissimus Stephanus, sicut omnibus patet et neminem latet, non est de sede ad sedem nec de ciuitate ad ciuitatem translatus, sed de longo exilio longaque peregrinatione, quam per triginta fere annorum curricula passus est, non ad suam sed aliorum utilitatem translatus atque inthronizatus est. Quod qualiter fuerit, compendioso stilo prosequamur.

Denique cum Surrentinae praecesset ecclesiae ab impiis conciuibus apprehensus est et flagellatus et Salernum in exilium asportatus ibique per annorum spatia in custodia retentus est. Tandem aliquando Landolfus gastaldeus, qui erat cognatus eius, uix apud Uaiferium principem[1] optinere potuit, ut eum alendi gratia Suessulam deferret. In qua non paucis

(1) Princeps Salerni 861—880.

temporibus peregrinatus est cupiens quidem ad apostolorum limina *properare sed patefactis inimicorum insidiis iter arri- f. 44ʳ pere non ausus est. Destinatis tamen epistolis apostolicos patres interpellare curauit, sed nihil omnino proficere potuit, excepto quod pietatis intuitu elemosinas ei transmittebant: erat quippe rebus expoliatus. Nonne Surrentinae ciuitatis primates more bestiarum⁾ adeo feroces existunt, ut non solum apostolica interdicta pro nihilo ducant, uerum etiam sua sponte ecclesiam ingredi paruipendant et idcirco ecclesiasticis priuari officiis uel a communione suspendi, non magnopere curant? Quod ita sit, illorum episcopium testimonium praebet, quod ecce iam per annos triginta et eo amplius episco pali regimine destitutum ac uiduatum sordet.

C. II Interea Saracenis non solum Campaniam sed omnes circumquaque regiones depopulantibus capta est Suessula simulque ignibus exusta. De qua nunc domini antistes tamquam iustus Loth de incendio fugiens deuenit Neapolim, scilicet ad natale solum. Quod audiens Petrus praefectus, qui eum una cum Paschale germano suo caesum, uti iam diximus, in exilium destinauerat, egit apud Athanasium pontificem, qui tunc Neapolitani ducatus gubernacula regebat,¹ ut idem pater Stephanus procul in exilium mitteretur, alioquin ipse rebellis existeret. Quid multa? in tantum praeualuit iniquitas, ut uir domini lacrimarum fonte rigatus parentes et notos patriamque relinquens ad Capuanam *urbem in exilium destinaretur. f. 44ᵛ Saracenorum quoque innumerabilis multitudo terra marique discurrens uillis pariterque oppidis captis simulque exustis et habitatoribus iugulatis nihil omnino, quod ad uitae solatium pertinet, relinquebat. Quam ob rem longe lateque facta est ualida fames, uir autem domini Stephanus non parua inopia grauiter affligebatur, ita ut clerici eius ostiatim elemosynas

(a) uestiarum B.

(1) Athanasius II episc. Neapol. inde ab a. 872, dux ab a. 877.

peterent, quibus cum sustentare possent; quas plerumque non inuenientes pariter cum eo periclitabantur.

Interea dum haec agerentur, octauus papa Iohannes cum iam Saracenorum depredationes ferre nequiuisset, ad illorum castra exterminanda in Capuanam regionem profectus est. Qui tamquam bonus pastor hominem dei Stephanum in custodia retentum audiens doluit ac perinde uix Capuano comiti, nomine Pandenolfo¹ imponere potuit, ut eum ad suam destinaret praesentiam. Qui ueniens coram clementissimo papa longam exilii sui calamitatem longamque peregrinationem luctuosa uoce per ordinem patefecit. Quibus auditis apostolicus pontifex misericordia motus dixit ad eum: ueni nobiscum Romam daboque tibi ecclesiam apostoli Pauli, ubi cum clericis tuis humanae uitae necessaria sufficienter habeas. Et ille: gratias, inquid, deo, qui te direxit, ut ouiculam dominici gregis, cuius pastor es, de luporum faucibus extraas et a periculo famis miseratus eripias. Mihi enim uestris sacris adhaerere uestigiis ualde iocundum atque optabile est.

f. 15'   C. III   Quod animaduertens aemulus ille * Petrus solitis machinationibus apud Athanasium episcopum decertauit, ut idem Stephanus potius retinendus esset, quam Romam proficisci laxaretur. Interueniente igitur Athanasio memoratus papa licentiam tribuit, ut idem Stephanus in urbe Neapolitana resideret et formatam episcopio suo dirigeret, ita dumtaxat ut uitae necessaria ex ipso episcopio ad eum per singulos annos destinarentur. Qui tandem Neapolim· reuocatus est, sed ex his, quae apostolicus pontifex misericorditer praeceperat, nihil adipisci potuit, quin potius perpessus est, quod ait apocalypsis:² *Uae unum abiit et ecce ueniunt adhuc duo uae.* Nam praefectus ille inuenta occasione tantam illi uiolentiam incussit et ita eum uehementer angustauit, ut uolens nolens episcopatum, de quo expulsus fuerat, se numquam quaesiturum et in eum

(1) A. 879—882 cfr. Chron. S. Be-   (2) Apoc. 9, 12.
nedicti (Ser. III, 205—206).

numquam reuersurum per apices propria manu roboratos
sponderet. Et, quasi ista non sufficerent, in tantum exarsit
crudelitas, ut eiusmodi sponsionem sacrosanctis appositis euan-
geliis iureiurando firmaret.

His ita peractis ab eodem Athanasio praesule inuitatus
pontificale officium, prout opus erat, denotus amministrare
curabat et omnis populus ab eo benedici et eius se orationibus
commendare studebat. Et quia non panigyricum sed exilium
eius commemorare coepi, taceo, quod Graeca Latinaque lingua tam in litteris quam etiam in communi locutione pollebat,
taceo quod ab incunte etate castissimus uixerit, quod sacris
excubiis atque orationi deditus erat, quod dominicam hostiam
iugiter immolabat, quod misericordiae uisceribus affluebat.
Defuncto igitur Athanasio episcopo, cuius saepe fecimus mentionem, pene tota Neapolis tamquam leo rugiens[1] familias et
colonos episcopii sui *diripere et, ut ita dicam, morsibus de- r. 46
uorare parata erat. Reuera enim qua ex causa hoc facere
uoluerit, omnibus notum est. Quocirca reuerentissimo patri
Stephano clerus et magnates uix suadere potuerunt, ut ad tui-
tionem famulorum huius episcopii se inthronizari acquiesceret.
Auctoritate igitur quarti Benedicti papae[2] necnon et cleri
sanctae Romanae ecclesiae consensu atque subscriptione per
duos episcopos ab apostolica sede destinatos, Romanum scilicet
atque Cosmaten, Parthenopensi cathedrae inthronizatus est,
non ad humanam gloriam, non ad gulae suauitatem, non ad
uestimentorum decorem, sed, ut praefati sumus, ad sacri episcopii defensionem et pauperum consolationem, immo et ad
pacificale remedium inter utrumque populum, Neapolitanum
scilicet atque Capuanum. Haec autem omnia usque ad exi-
tum uitae agere non cessauit.

C. IIII Hocine est episcopum de sede ad sedem uel de
ciuitate ad ciuitatem transferri? ô utinam adsint, qui proferant iudicium, sed utique non illi, qui sibi ipsi sunt testes et

---

(1) 1 Petr. 5, 8.   (2) Benedictus IV 930—903.

7*

iudices pariterque causidici. quod non solum diuinae sed etiam
humanae prohibent leges. et tunc apparebit, qui merito damnandi existant. Ergo quia desunt ad tempus, qui inter Sergium, qui nunc praesidet papa, et ordinationem praefati Benedicti. qui Stephanum episcopum, ut supra expressum est,
inthronizauit, iudicare possint, eo quod idem Benedictus de
ordinatione fuerit papae Formosi — reuera enim inter apo-
f. 46' stolicos uiros nonnisi uniuer*sale iudicat concilium — recur-
ramus interim ad sanctos patres et eorum non solum scriptis,
sed etiam factis innitamur.

Quapropter si Antherii papae decretalem inspicimus
epistolam, uerissime in uenerabili patre Stephano completum
uidemus, quod illic de iusta episcoporum transmigratione le-
48' 49 gitur. Ait enim....ᵃ

Huius rei gratia decernite. o sapientes, qui diligitis iusti-
tiam. quod uenerabilis pater Stephanus, ut supra seriatim
patefactum est. nihil omnino de his offensionibus in se con-
traxerit, unde perspicue datur intellegi, quod non rectitudinis
zelus, sed magis inuidiae procacitas frustra eum infamare
desudet. Igitur ex parte in eo completum uidemus, quod
scriptum est:[1] *Quia odio me habuerunt gratis.....*ᵇ

C. V Dehinc ueniamus ad reliqua. Religiosi aemulatores illi adeo uenerabilem Stephanum infamare non metuunt,
ut dicant. ordinationes illas, quas iam inthronizatus fecit, stare
nequaquam posse, quod inuasor fuerit ecclesiae, cuius clericos
ordinare praesumpserit. Et ad haec quid prius respondendum
f. 49' est, *nisi quod ait psalmus:[2] *Muta efficiantur labia dolosa,
quae loquuntur aduersus iustum iniquitatem in superbia et con-
temptu.* Nonne, si, quod deus auertat, etiam si merito propter huiuscemodi translationem reprobandus esset, ordinationes

---

(a) *Sequuntur de ordination. c.* 1, 2 (Ceterum autem si causatores illi obicere tem-
ptauerint etc.). 3 (*ex Cassiodori hist. tripart.* XII c. 8), 4 (— sanctissimum archiepiscopum),
5, 7, 9, 10 (Audistis enim enim quemammodum calcedonensis synodus statuerit)   (b)
Ib. c. 10 (At uero — praeterendus est).

(1) Ioann. 15, 25.   (2) Psalm. 30, 19.

tamen. quas ibi fecisse dinoscitur, nulla omnino laesionis
portio attingere debet. Quod sequentibus capitulis euidentius
apparebit.....ᵃ   f. 50, 51

Uenerabilis itaque Stephanus, ut supra manifestius patet,
nihil ex his maculis habuisse dinoscitur, sed, ut praefati sumus, ad aliorum consolationem Neapolitano episcopio incar-
dinatus est et propterea ordinationes, quas ibi fecit, ratae et
legitimae sunt ac per hoc in sua stabilitate, uelit nolit lingua
dolosa, firmiter permanebunt. Proinde qui tacere nesciunt et
loqui peruersa sciunt, prius quae recta sunt, *discant et post- f. 52
modum loquantur, ne quando dicat illi deus:¹ *Os tuum abun-
dauit*ᵇ *nequitia et lingua tua concinnabat*ᶜ *dolum, sedens aduersus
fratrem tuum detrahebas et aduersus filium matris tuae pone-
bas scandalum.* Et paulo post:² *Arguam te et statuam illa
contra faciem tuam.* Nam quia prius discendum est et postmodum faciendum, testatur Esaias, qui ait:³ *Omnis qui non
didicerit ueritatem super terram non faciet.*

C. VI Praeterea nobis crimen audacter impingunt dicentes: papa Benedictus neminem inthronizare potuit, eo quod
fuerit de ordinatione, quam papa Formosus instituit. Quibus
capitula, quae paulo superius digesta sunt, sufficienter obuiare
posse non dubium est. Quod qui non stertit, aduertit. Nonne
si sanctissimis aemulatoribus illis, qui talia non solum dicere,
sed etiam, ubi possunt, et facere non formidant, papa Formosus displicere uidetur. quibus hoc imputari debet....ᵈ   f. 52ᵛ, 53

Nonne quod plurimi sacerdotum post depositionem reconciliati sint, in primo libello, quem in defensionem sacrae ordinationis papae Formosi edidimus, sufficienter intimatum est:ⁱ

(a) *Sequuntur de ordin. c.* 16 (Quod non habeantur episcopi, quos nec clerus elegit
nec populus exquisiuit: si qui tamen clerici ab his pseudoepiscopis ordinantur, rata potest
ordinatio talis existere), 19, 20; Ex epistola Gelasii ad Anastasium imperatorem. Quod si
mihi populi — exagitatione turbati (*Decret. Pseudois. p.* 641); *De ordin. c.* 21, 23, 22, 24
(ô ueritatis amatores, quia sicut — audistis desunt, magis inuasor) — offensione non perdat.
(b) abundabit *B.*   (c) concinnabit *B.*   (d) *Sequuntur de ordin. c.* 29, 25, 27 *usque
ad uerba:* reconciliati sint.

(1) Psalm. 49, 19. 20.   (3) Hunc locum non inueni.
(2) Psalm. 49, 21.   (4) Lib. I c. 6 p. 66.

l. 53ʳ ..." Haec autem, ô prudens lector, non ideo *praelibare studuimus, ut cuiquam sacerdotum de sede ad sedem uel de ciuitate ad ciuitatem mutari licitum esse dicamus, sed ut id, quod in uenerabili patre Stephano multimoda necessitate factum fuisse, supra ostendimus, tolerandum esse et non infamandum, ueridicis pateret testimoniis. Notum est enim, quod quaedam ecclesiasticae sanctiones pro temporum qualitate moderandae sint, quae tamen, ubi nulla perurget necessitas, a suo uigore deflecti nequaquam debet.

C. VII Ueruntamen quia de sacro ordine sermo exorsus est, perscrutari libet, si regulariter iam sacerdos habendus est, qui sacerdotium, quod ex pluribus annis longe lateque per uniuersam Ausoniam tam pro uiuis quam etiam pro defunctis amministratum est, negare non timuit et, quod est infelicius, in eo, quem prius habuerat ordinem se iterum consecrari non ueritus est....." ᵇ
l. 54

Ergo secundum hanc beati Gregorii et superioris capituli definitionem qui sacerdotium, quod habebat, negare ausus est et denuo in id ipsum consecratus est, ulterius sacerdotale officium iam fungi nullatenus debet. At uero, quia ex canonibus apostolorum testimonium protulimus, necesse est, ut eorum auctoritas in medium proferatur. De quibus ita legitur: *Ecclesiasticae regulae — — assumpta esse uidentur.*ᶜ Item beatus Hisidorus scribens conciliorum ordinem ammonensque lectorem ita dicit: *Propter eorum — — constitutiones.*ᵈ Huc
l. 54ᵛ usque sanctus Hisidorus.....ᵉ

Porro qui eiusmodi est, si dixerit: iuraui, quid iam facere possum, sciat plane, quia remissius est cuiquam periurii crimen incurrere, quam id quod male iurauerat, opere complere. Hinc est, quod Herodi lenius fuerat peierare, quam hominem

---

(a) *Sequitur capitis 27 pars posterior.*   (b) *Sequuntur c.* 18 (In canonibus apostolorum ita praefixum habetur: (Si quis), 17 (Beatus namque papa Gregorius Iohanni epise. Rauennatis eccl. scripsit deeens).   (c) *Ieronimus Damaso (Deer. Pseudoisid. p.* 27) prol. sunt. non non prebuere et tamen.   (d) *Praefatio S. Isidori c.* 1 (ib. p. 17).   (e) *Sequuntur de ordin. c.* 30, 31.

sanctum occidisse. Hinc et Hisidorus dicit: *Non est con-
seruandum — — in stupri flagitio.* *Haec sanctus Hisi- f. 55
dorus.

De reliquo autem sciendum est hanc esse regulam, ut si
quando duobus peccatis ita constringimur, ut non utrumque
sed alterum eorum uitare possimus, quod ex eis minus est
eligere ad faciendum debemus, sicuti Dauid, qui iurauit, ut
occideret Nabal et tamen flexus ad preces Abigail remissius putauit periurium delinquere quam homicidium perpe-
trare.[1]

C. VIII Nonnulli praeterea dicunt: cur nobis subuersio-
nem ordinationis huius tantopere imputandam esse decer-
nitis?......[b]   f. 55' 56

Nihilominus autem et illi cauendi sunt, de quibus euangelica lectio protestatur dicens:[2] *Multi ueniunt ad uos in uestimentis ouium, intrinsecus autem sunt lupi rapaces,* et ut absque ambiguitate dinoscere possimus, continuo subiecit:[3] *A
fructibus eorum cognoscetis eos.* Illi namque, qui bene docent
et male uiuunt, audiant beatum Gregorium dicentem: *Doctor,
qui mandatum — — condemnatur.* Uita quippe domini saluatoris in terra quid aliud quam disciplina morum fuisse
monstratur? Et propterea de illo scriptum est:[4] *Quae coepit
Ihesus facere et docere,* quia nimirum unumquemque praedica-
torem prius quae recta sunt facere oportet et postmodum
praedicare, ne quando dicat illi deus:[5] *Quare tu enarras
iustitias meas et assumis testamentum meum per os tuum, tu
uero odisti disciplinam et proiecisti sermones meos post te.*

Igitur quia de iusta uel iniusta pastoris obligatione quae-

(a) Idem locus Isidori (Sentent. l. II. c. 31. opp. ed. Arevali VI. 231) citatur in Inf. et
Defens. c. 11 p. 44 ed. Mabillon.   (b) Sequuntur de ordin. c. 32 (— non sedebo). c. 34
(Sed siue — perpetua), c. 35 (Caeterum autem si — inbernur), c. 34 (Nam quod — cadunt),
c. 33 (Super cathedram — protelatur), c. 34 (Quid multa — in malum).   (c) Gregorii
homil. 12 l. I (opp. I, 1476).

(1) Cfr. Inf. et Def. c. 11.   (4) Act. 1. 1.
(2) Matth. 7, 15.   (5) Psalm. 49, 16 17.
(3) Matth. 7, 20.

l. 56 stio discutitur, intuendum est, quid ex ea beatus sentiat Hieronimus .... [a] Culpanda obliuio: nos putabamus praesenti opusculo finem dedisse et ecce ad memoriam redit, quod silentio praeterire nefas ducimus, zelatores quippe illi tamquam ualidissi-

l. 57 mum murum obiciunt Osium dicentem .... [b] Manifestum est enim, quod ex his omnibus uenerabilis pater Stephanus nihil omnino commiserit. Attamen interrogandum est, quis fuerit iste Osius, uel in quibus extiterit temporibus aut cum quibus episcopis capitula, quae per eum dicuntur instituta sint. Deinde percontandum est, utrumnam recte dixerit, nec laicam com-

l. 57', 58 munionem accipiat .... [c]

C. VIIII Scimus praeterea, quoniam non desunt, quibus haec scripturarum responsio fortassis superuacua uidetur, eo quod ad hoc praesens tempus non sit, qui aequitatis depromat iudicium; neque enim iustitiae palmam apud eos optinere possumus, qui contra nos ipsi sibi, ut praedictum est, sunt iudices et testes pariterque causidici. Attamen uociferandum est et caelum sedula proclamatione pulsandum, quia reuera nemo tanta torpescit ignauia, ut si aequitatis iudex defuerit, uiolentas quas patimur, oppressiones silentio tegat. Postremo namque si cuiquam fortassis haec legere uel audire odio sunt, ipse uiderit, ego autem iuxta beatum Hieronimum[1] cano mihi et

l. 59 meis, scilicet ut et bono animo simus .... [d] Ideoque in sacro

---

(a) *Sequuntur de ordin. c.* 36—39.   (b) *Sequitur de ordin. c.* 11.   (c) *Seq. de ordin. c.* 14 (et quia teste — firmauerit). Post haec interrogandum est, quo fine isdem Osius suum sapere concluserit. Huius rei gratia nobis loquor, qui super hoc, quod sine causa obiectum est, nec laicam in fine communionem accipiat responsuri estis; *c.* 15 (iste nimirum — refutata est), Omonsion quidem, si in secunda syllaba non habuerit i litteram significat unius substantiae et si habuerit i litteram, ut dicatur omiousion, significat similis substantiae. Est enim Graecus sermo Graecaque differentia; *c.* 15 (denique recitatur). Sed redeamus ad id, quod frustra oppositum est, *c.* 12 (nec laicam — accipiat. Ubi hoc — non habeatur), Quin potius ita illic praefixum uidetur propter multam perturbationem et seditiones, quae fiunt, placuit consuetudinem omnimodis amputari, quae praeter regulam in quibusdam partibus uidetur ammissa, *c.* 12 (ita ut — ordinatus) Sane quod ait praeter regulam quid aliud nisi praeter rectitudinem id est absque rectitudine intellegere debemus, *c.* 12 (ergo quod — desperandus) *c.* 13 (— pacem et reliqua). (d) *De ordin. c.* 40 (simus — coronam tuam).

(1) Commentar. in Ierem. l. III Ismeniam mihi canens et meis. (opp. ed. Vallarsi IV, 923): iuxta

ordine, quo consecrati sumus permanentes praestolamur uniuersalis concilii iustissimum examen, auctore illo, ad quem
clamantes dicimus:[1] *Exsurge, domine, et iudica causam tuam,*
cui est honor et gloria per infinita saecula saeculorum. Amen.

Rodelgrimus exiguus presbiter ac monachus monasterii
sancti Modesti necnon et Guiselgardus ultimus Beneuentanae
sedis diaconus haec ad uolantem famam rescribentes Neapolim
transmittimus.

Uerum est, quod sacri fatentur canones,[2] quod episcopus
alterius dioeceseos inuasor esse non debeat nec ad aliam trans-
ire per ambitionem, quasi maiorem et meliorem, sua relicta
quasi exigua et minus utili. Sed talia capitula in causa domni
Stephani minime conueniunt: ille enim nec suam cathedram
despexit quasi paruam nec alienam concupiuit quasi potiorem
honorificentioremque. Palam est quidem, quia plurimo tempore a sua sede fuit expulsus ui et nequitia plebis, quam ille
relinquere noluit et ad quam redire saepissime uoluit. Ad
hoc etiam auctoritatem apostolicam incitauit, sed illa plebs
austeris etiam ipsam apostolicam auctoritatem contempsit et
excommunicationem. Ideo ille praesul tamquam peregrinus
et exul Parthenope deguit per tempus prolixum. Defuncto
autem Athanasio praesule nec ipsa ecclesia tunc habebat pastorem nec ille Stephanus *episcopus habebat plebem, quam f. 59'
regere deberet sicut praesul: erat enim utrumque uacuum.
Accessit itaque uoluntas et precatio populi et cleri Parthe-
nopensis ad ipsum obnixe obsecrans, ut eis pastor et rector
existeret: quod ille ut uir bonus refûgit, sed instantibus precibus illorum absque auctoritate apostolica tamen hoc assen-
tire noluit. Praeterea qualiter per potestatem et largitatem
apostolicam ibi intronizatus est, et ipsa Roma nouit et re-

(a) transsire *B.*

(1) Psalm. 73, 22.   398 (Mansi III, 953)
(2) Concil. Carthagin. IV c. 27. a.

colit et pene cunctae Ausoniae clarissimum est. Ergo ille
uenerabilis praesul nec cupidus alienae cathedrae nec inuasor
iudicandus uel damnandus est uel suus ordo commouendus,
ut quidam imperiti estimant scire nolentes aut non ualentes
seriem et dispositionem ecclesiarum, quam sancti et uetusti
patres obseruauerunt et exercuerunt. Etenim illi temerarii
saltem registrum beati Gregorii legant ibique inuenient, quomodo uacantes episcopos uacantibus cathedris saepius incar-
dinauerit, legant et taceant, ut grex dominicus non concutiatur.
Clerici enim laicos, non laici clericos examinare debent, sicut
Constantinus imperator refugit iudex esse episcoporum dicens:
Uos dii estis, uos de nobis, non nos de uobis iudicare debemus.[1]
Igitur quia ille praesul rite effectus est pastor, iure eius consecratio in cuncto ecclesiastico ordine inconcussa permanere
debet et decet. Sic etiam sanctus Leo papa statuit,[2] ut rata
persistat ordinatio in clero etiam a pseudoepiscopis impertita,
quanto magis a rite constituto praesule inconcussa permaneat.
Consecratio denique in uno gradu bis fieri nullatenus debet,
quia sanctus baptismus repeti non debet, ita nec illa. Unde
beatus Gregorius Iohanni episcopo Rauennae scripsit dicens:[3]
Illud, quod dicitis, ut is, qui ordinatus est, iterum ordinetur,
ualde ridiculum est et ab ingenii uestri consideratione extra-
neum, nisi forte quod exemplum ad medium deducitur, de quo
et ille iudicatus est, qui tale aliquid fecisse peribetur. Absit
enim a fraternitate uestra sic sapere. Sicut autem baptizatus
semel iterum baptizari non debet, ita consecratus semel in eo-
dem ordine iterum non ualet consecrari. Proinde qui loqui
nesciunt et tacere non possunt, discant, non doceant, subia-
ceant seruis dei, non concutiant nec conturbent ecclesiam dei,
qui in suo iusto iudicio retribuet unicuique iuxta opera sua.

---

(1) Cfr. Rufini hist. ecclesiast. l. 1 c. 2.   (3) Gregorii opp. II, 608 (Paris
(2) J. 320, Mansi VI, 400. cfr. De   1705), J. 833 cfr. De ordin. c. 17.
ordin. c. 9.

C. XXXVI De cauenda deceptione dicentium: apostolicus pontifex quae uult ab omni iuramenti conexione uel cuiuslibet facinoris obligatione facilius absoluit.

Nonnulli ad tantam prorumpunt uesaniam, ut dicant: apostolicus pater ab omnibus peccatorum uinculis uel iuramenti obligatione, quos noluerit, efficaciter absoluet, eo quod apostoli Petri ligandi atque soluendi uicem diuinitus optineat. Non ita sapit doctor suauissimus et papa beatissimus, Gregorium dico, uere Gregorium, quoniam quidem in sacris dictandis uoluminibus magnificentissime uigilauit. Inde est, quod omnes auditores sui, calcatis ignorantiae tenebris, ueritatis luce copiosissime fruuntur. Hic enim ligandi ac soluendi potestatem pontificibus traditam luculentissimis assertionibus explanauit, *ex quibus ad ueram pastoris absolutionem de- f. 74' monstrandam, quae congrua sunt, summatim praelibamus. Ait enim: *Durum quippe est — soluere studeant uel ligare.* f. 75

Audistis, ô commilitones, per os tanti doctoris, quemammodum fieri possit uera pastoris absolutio: uidendum, inquit, quae culpa hoc est, si grandis aut parua uel minima, aut quae sit poenitentia secuta post culpam uidelicet, quia iuxta modum peccati poenitentia est agenda. Et quia nostrum est cadere et dei solius est, ut surgere possimus, continuo subiecit dicens: ut quos omnipotens deus per compunctionis gra-

---

(a) *Gregorii homil.* 26 *l.* II (*opp. l.* 1555—1556) saepe in soluendis — moribus exercet, sicut scriptum est — mortuum desunt.

tiam uisitat, illos pastoris sententia absoluat, scilicet, ut per
confessionem dignae satisfactionis mereantur absolui. Unde
dicit amicus sponsi:[1] *facite fructus dignos poenitentiae.*
C. XXXVIIII Interrogatio super his, qui primo per uim,
postea uoluntarie in eodem ordine consecrati sunt.

Vellem scire, quid de illis congrua deliberatione censen-
dum sit, qui primo, ut aiunt, per uim, postea in eodem ordine
uoluntarie consecrati sunt.[a] Esto — — — pro nihilo ducenda
est. Porro Donatistarum heresis, quos aliquatenus ad se ca-
f. 76′ tho*licos trahere poterat, rebaptizabat, clericos autem rebap-
tizatos in eisdem gradibus, quos habuerant, consecrabat,
catholici e contra ab illorum sacrilegio ad sanctam matrem
ecclesiam uenientes non rebaptizabantur. Clericos quoque
cum suis honoribus absque depositione suscipiebant. Igitur,
quia sancta mater ecclesia clericos hereticorum manibus con-
secratos cum suis honoribus absque depositione suscipit, quo
pacto quidam sacrum ordinem a catholico praesule licet per
uim datum iterare audeant, liquidius exponi desidero.

Quid plura? confido equidem in caelesti magisterio, quod
huiusmodi indlagationis ansas perspicua ueritas dissoluat.
Quam ob causam, sagacissime altercator, diligenter attende,
quae sequuntur: si quispiam fortassis per uim baptizatus fuerit nolens credere in Christum, postmodum uero se in eum
credere uoluntarie profitetur, ergone denuo baptizandus erit?
f. 77 Minime[b] — — Beatus namque papa Leo de *baptizatorum
ignorantia ita censuit:[2] *Si nulla,* inquiens, *extant[c] — — uideatur iteratum.*

At uero, qui contentionis funiculum protelare non erube-
scit, obsistit atque dicit: paruuli, qui reluctantes per uim
baptizati sunt, cum ad legitimam uenerint aetatem, iure nar-

(a) Vellem scire — ducenda iam inuenies apud Mabillonium vetera anal. p. 39, Inf. et
Def. c. 32 ibid. p. 52.   (b) Minime — colere incipiunt Vet. Anal. p. 40, 52.   (c) nulla
existant indicia — iteratum ibid. bis.

(1) Luc. 3, 8.   c. 16, J. 320, Mansi VI. 406.
(2) Leonis epist. ad Rustic Narbon.

rantibus credunt, quod sacro baptismate sint renati et christianae legis sacramenta sine baptismi dumtaxat iteratione
iure custodiunt, eo quod nullam omnino boni maliue distan-
tiam habuerint, quando nolentes ac reluctantes in baptismatis
fontem mersi sunt. Me autem iam perfectae aetatis uirum et
rationis capacem ad sacrum ordinem uiolenter applicuerunt.
Tunc coram omnibus, qui aderaut, uociferans dixi: mementote, quia scriptum est:¹ *uoluntarie sacrificabo tibi*, ego quidem sacrum ordinem uoluntarie nullatenus suscipio. Attendat ergo caelum et consideret terra, si debet iteratum appellari, quod uiolenter et non propria uoluntate magis impositu-
tum est, quam susceptum.

Audiuimus praepositam obiectionem, sed donabit deus ratam responsionem. Quisquis es, ut cum pace tua dicas, nonnumquam freneticus ipse sibi baiulat *restem, de qua ligetur. 6 77'
Nonne si paruuli, qui reclutantes per uim baptizati sunt, cum
rationis capaces esse coeperint, quia ipsi recordari nequeunt,
narrantibus credunt, quod licet inuiti baptizati sint, tamen
christianae fidei sacramenta sine scrupulo amplectuntur et
sine baptismatis iteratione uiuaciter custodiunt? Tu uero, qui
iam perfectus aetate simulque rationis capax sacrum ordinem
quamlibet inuitus suscepisti, qua fronte ad instar secundi
baptismatis in eodem ordine uoluntarie consecratus es, an
ignoras, quod baptismum iterare non catholicorum sed hereticorum sit? Ita enim et qui sacrum ordinem uoluntarie in
id ipsum aut praebet aut suscipit, inter hereticos, qui bapti-
mum iterare ausi sunt, deputandus est.

Porro, quod dicturus sum, plurimi nouerunt et recolunt:²
Basilius siquidem imperator, pater imperatorum Leonis et
Alexandri multos Iudaeorum per uim baptizari fecit, ex quibus ammodum pauci paruo post tempore spontanei praebuerunt assensum credendi in Christum et euangelica mandata

(1) Psalm. 53, S.   p. 341 ed. Bekker. Leo ob. 11 Mai
(2) Cfr. Theophan. contin. l. V c. 95   912, Alexander 6 Iunii 913.

pariterque apostolica documenta, ut moris est, custodire libenter professi sunt, attamen nemo eorum iterum baptizatus est.
Ucruntamen et de sancto Geneseo beatissimo martyre tale
quid gestum fuisse legitur.¹ Sed, ut dicere coeperam, qui
spontaneus in eodem gradu, quem prius uiolenter acceperat,
consceratur, sacro ordine ita carere debet, ut ad eum numr. 78 quam accedat et ad supe*riorem gradum numquam ascendere
praesumat. Alioquin ipse uiderit, scriptum quippe est:² *Si*
peccauerit uir in uirum, potest ei placari dominus; si autem
in dominum peccauerit, quis orabit pro eo? Hinc est enim,
quod filios Aaron Nadab et Abiu alienum ignem et incensum
offerentes egressus ignis a domino deuorauit. Quam ob rem,
si Nadab et Abiu pro huiuscemodi temeritate diuinus ignis
consumpsit, quid de illis animaduertendum est, qui primo
per uim, postmodum per contumaciam uoluntarie in id ipsum
consecrati sunt ac per hoc dominicam eucharistiam in conspectu
diuinae maiestatis immolare non formidant? Reuera enim
nisi poenitendo a tanto sacrilegio discesserint, non dubium
est, quod illo incendio cruciandi sint, ubi *uermis eorum non*
*morietur et ignis eorum non extinguetur.*³ Semper enim prae
oculis habendum est, quod apostolus terribiliter clamat et
dicit:⁴ *Horrendum est incidere in manus dei uiuentis.*

Interea nonnulli adiciunt asserentes: si sacri ordinis atque baptismatis unum idemque sacramentum esse conuincitur, quomodo is, qui per ignorantiam uel imperitiam semel
et bis sacro baptismate renatus est, a Christi participio non
excluditur, quemammodum ille, qui denuo in id ipsum consecratus est, a sacro ordine penitus remouetur. Huius itaque
argumenti obicem luculenta ratio procul eliminat: nonne qui
denuo salutari lauacro baptizatus est, idcirco a christianitate
non sequestratur, quia sine baptismi gratia nemo intrabit in

(1) V. Acta sanct. Bollandi Aug. t.   (3) Marc. 9. 43. 45. 47.
V, 122.   (1) Hebr. 10, 31.
(2) 1 Reg. 2, 25.

regnum caelorum, ordinem uero sacrum non habentes, *si f. 78'
bonis operibus polleant, facilius intrabunt in regnum caelorum.

C. XL Quod deus oleum sacrae unctionis reprobato
Sauli non tollens exemplum non auferendae consecrationis
conferat, ex libro II uenerabilis Optati episcopi catholici aduersus Parmenianum episcopum Donatistam.

Saul antequam peccaret — — uindicauit occisum. f. 79

C. XLI Quod altare per contumaciam subuertere et
aliud pro eo erigere uel quippiam transgressionis in dei aras
committere hereticae praeuaricationis sit, ex libro sexto eiusdem Optati contra iam dictum Parmenianum Donatistam.

Ut mihi uidetur — — conuincite, si potestis. f. 80

C. XLII Quod sacramenta dei etiam per iniquos dispen-
sata *salutaria sint et legitima, ex libro dialogico sancti Au- f. 82
gustini contra Petilianum episcopum Donatistam.

Petilianus dixit: sed ut haec — — assumere putatis. f. 83

C. XLIII Aduersus eum, qui et in bonis et in malis
actibus potestati optemperandum esse dogmatizat.

Notandum praeterea, quod quidam sinistrae opinionis
oblitus et, quod est infelicius, diuini timoris immemor sacrae
scripturae testimoniis nequiter abutens ait: omni · humanae
potestati in omnibus, quae iubet ac praecipit, resistendum
non est, sed magis oboediendum iuxta quod in euangelio le-
gitur:¹ *super cathedram Moysi — — et facite.* Sane cum dicit omnia, nihil omnino restat, quod ad eius iussionem non
sit obseruandum atque faciendum. Tu uero, Paule, quid dicis? Audi quid:² *qui resistit potestati, dei ordinationi resistit.*
Quam ob rem dicit tibi dominus, quia super cathedram Moysi
iusti *et fidelis mei sederunt scribae superbi fide et pharisaei f. 83'

(a) Optati Afri de schismate Donatistarum l. II c. 23—25 (ed. Oberthür p. 41—43).
(b) Ibid. l. VI c. 1—3 (p. 97—100).   (c) Augustini contra litteras Petiliani l. II c. 29,
30 (opp. XII, 305—307).

(1) Matth. 23, 2. 3.   (2) Rom. 13, 2.

sacrilegi, omnia, quae dixerint uobis, seruate et facite et qui
resistit potestati, deo resistit. Tû, quis es, qui contradicis?
Ueruntamen et alios quam plures adhibuit anfractus, scilicet, ut per quasdam umbrosas argumentationes astrueret, quatenus unaquaeque potestas siue fas siue nefas cuilibet subditorum iubeat, sine cunctatione perficiat, alioquin tamquam
diuinae iussionis praeuaricator teneatur obnoxius. Haec ideo
argumentari non ueritus est, ut papae Formosi ordinationem
facientibus irritam nemo contradicere auderet.

Fateor equidem, quoniam istiusmodi controuersia, donec
ille superstes fuit, ad meam notitiam non pertinxit, attamen
qualiter omnia, quae dixerint sedentes super cathedram Moysi
seruanda sint et facienda et quod ad facinus committendum
nulli umquam potestati optemperandum sit et de iusta uel
iniusta pastoris obligatione uel solutione in superioribus capitulis luce clarius habetur expressum. Sed mirari non suf-
ficio, quo pacto disertissimus iste contra Formosi ordinationem uenire potuerit, praesertim cum geminos iamdudum libellos in eiusdem ordinationis tutelam patratos haberet, quorum
alterum in Apulia et alterum longo post tempore apud Par-
thenopen composuerat.[1] O sacrilegium ingemescendum atque
dolendum! Nonne in praeuaricatoribus cui comparandus est
huiusmodi scolasticus, nisi Tertulliano, qui prius tamquam
sanctae matris catholicae filius Cataphrigarum heresim miri-
f. 51 ficis des*truxit dogmatibus, postmodum uero quorundam exas-
peratus iniuriis ad eam confugit eamque sacrilega temeritate
defendere nisus est. Igitur quia et illi iam superno examine
iudicati sunt et nos iudicandi sumus, obliuioni mancipandum
non est, sed in praecordiis retinendum, quod apostolus dicit:[2]
Tu, qui stas, uide ne cadas.

His ita digestis superest, ut qualiter sancti uiri nefariis
cuiusquam iussionibus non sint obsecuti sed potius reluctati
ad memoriam reuocemus. Sanctus namque Hilarius Constan-

---

(1) Cfr. Inf. et Def. c. 32 (p. 51).   (2) 1 Cor. 10, 12.

tium imperatorem inter cetera libri sui quamplurima ita redarguit: *Temerarium me*, inquiens, *forte — — deprauas.*[a] Et [f. 84']
infra: *apostolus communicare — — rebellem.*[b] [f. 85]
Item unde supra sancti Augustini in sermone natalis sancti
Laurentii martyris. *Uis autem non*[1] *— — occasionem praebente.*[c] [f. 85']
Item unde supra sancti Ysidori in libro secundo de sinonimis. *Sic optempera homini — — par poena constringit.*[d]
Haec sanctus Ysidorus. Caeterum uero qualiter sanctus Ambrosius Theodosio augusto restiterit, pene nullus ignorat, uidelicet quando illi ecclesiae ianuas clausit eumque ingredi
non permisit; qui mox ad praedicationem uel potius increpationem tanti pontificis poenitentiae colla summisit, expletaque
poenitentia statuti temporis ecclesiam pacifice ingressus est.[2]
Quid etiam de sacerdotibus et reliquo clero terque quaterque
beatis commemorem,[3] qui, cum papa Liberius Arrianae impietati suscribens assensum praeberet, Constantio haeretico
imperatori fortiter restiterunt in tantum, ut etiam per ecclesias Romuleae urbis passim iugulati martyrii coronam perciperent? Quis enim uel imperitus nesciat, Liberium, quando
ista commisit, *in cathedra Moysi sedisse et Constantium in [f. 86]
potestate,*[e] quam desuper acceperat, scelera illa gessisse, sed
catholici uiri propterea pestiferis eorum praeceptis non optemperabant, quia nouerant de sedentibus in cathedra Moysi et
de aliis potestatem habentibus scriptum esse ab apostolo:
Minister dei — — in malum.[f] Nec illud est absimile, quod
idem apostolus alibi comminatur dicens: *Non solum, qui praua
faciunt — — perpetua.*[g] Tale est et illud euangelicum:[4] *Si*

(a) *Hilarii contra Constantium imper. c.* 6, 7 (*opp. ed. Bened. Paris* 1693 *p.* 1241—42).
(b) *Ib. c.* 27 (*p.* 1257—58).　　　(c) *Sermo* 302 (*Augustini opp.* VIII. 1230) ut potestate.
de illo. faciendo bonum. ex illa martyr sanctus Laurentius. quid enim. bonum ergo. te
deceperat. si enim iusta est potestas habebis laudem ex illa.　　(d) *Isidori synonym.*
l. II *n.* 74, 75 (*opp. ed. Arevalo* VI, 516) malum — consentias deest. incurrant. implere.
teneri obnoxios. oboedit. in malum.　　(e) impotestate *B.*　　(f) *Cfr. supra*
p. 74, 91.　　(g) *Rom.* 1, 32.

(1) Rom. 13, 3.　　　　　　　(3) Cf. Vitam S. Liberii.
(2) Cfr. Cassiodori hist. ·tripart. l.　(4) Matth. 15, 14.
IX c. 30.
Auxilius und Vulgarius.　　　　　　　　　　　　　　ↀ

caecus caeco ducatum praestet, nonne ambo in foueam cadunt?
Eximius quoque prophetarum huic astipulatur intellegentiae,
ubi canit: *Quoniam non uolens — — iniquitatem perdes eos,
qui loquuntur mendacium;* et illud:[1] *Non sedi in concilio ua-
nitatis et cum iniqua gerentibus non introibo, odiui congrega-
tiones malignorum et cum impiis non sedebo;* et illud:[2] *facien-
tes praeuaricationes odiui et non adhaesit mihi cor prauum.*

Ecce quibus sanctorum patrum exemplis quibusque scripturarum testimoniis illius egregii doctoris documenta ad nihilum redacta sunt, quibus impudenter affirmare conatus est,
ut omni humanae potestati in omnibus, quae iubent, indiscrete
optemperandum sit, ita duntaxat, ut sicut in bonis mandatis,
ita et in malis potestati resistendum non sit, sed incunctan-
ter oboediendum. Porro istiusmodi nefas non ueritatis igna-
rus, sed proe*miis corruptus fingere decreuit ideoque consi-
derare uolo, sed in ipsa consideratione deficio, qualiter deum
eiusque apostolum Paulum in tam callidis falsisque obiectionibus pronocare ausus fuerit, praesertim cum scriptum sit:[3]
*Non assumes nomen dei tui in uanum, quia non erit impuni-
tus,*[4] *qui super rem uanam nomen eius assumpserit.* Quapropter quod humano iudicio comprehendi non potest, illi est
reseruandum, qui scrutator est renum et cordium,[5] cuius oculis nuda et aperta sunt omnia.[6] Dicite, quaeso, censoris
huius auditores: si nefaria et deo inimica ad iussionem uniuscuiusque potestatis sine praciudicio facienda sunt, quomodo
Iudaei, qui ad imperium sedentium super cathedram Moysi
dominum crucifixerunt, a tanto reatu non extiterunt immunes,
quin potius et qui iusserunt et qui obsecuti sunt, irreuocabi-
liter aeterno supplicio damnati cruciantur, exceptis his qui
ad praedicationem apostolorum poenitentiam egerunt.[7] Inde
est, quod usque hodie illius pretiosi sanguinis ultio super eos

(a) Psalm. 5, 5. 7

(1) Psalm. 25, 4. 5.
(2) Psalm. 100, 3. 1.
(3) Exod. 20, 7
(4) Denter. 5. 11.

(5) Psalm. 7. 10.
(6) Hebr. 4, 13.
(7) Cfr. supra p. 73, 91.

distillat, iuxta quod patres eorum imprecati sunt dicentes:[1] *Sanguis*[a] *huius super nos et super filios nostros.* Et haec silentio praeterire nefas existimo, quoniam quidem sagacissimus iste adeo me dehonestare contendit, ut eximium auditorem suum periurium et homicidium commisisse proclamauerim: quod omnino falsissimum est et a ueritate prorsus alienum. Procul, inquam, procul, ut mea paruitas cuilibet periurii et homi*cidii notam inflixerit, praesertim cum scriptum sit:[2] *Non eris criminator nec susurro in populis.* Igitur quia homicidii crimen fallaciter obicere non est confusus, tandem sequaces eius ueraciter nouerint, quod animarum homicidium longe incomparabiliter deterius sit, quam corporum,[3] non quod anima omnino mori possit, sed quod a falsidicis seductoribus decepta uelut mortua aestimetur. Hinc est, quod dominus in euangelio de satana protestatur dicens:[4] *Ille homicida erat ab initio* et in libro geneseos primis hominibus terribiliter dictum est:[5] *In quacumque die comederitis ex eo, morte moriemini.* Quod reuera de morte animae indubitanter accipiendum est, quando quidem post transgressionem illam plures annos uixerunt necnon et filios genuerunt. Ab hac etenim morte illi solummodo liberantur, quos gratia caelestis gratis liberat. Caeterum autem eo die protoplasti secundum carnem mortales effecti sunt, quo uetitum gustauerunt pomum. Pro dolor, ex illa culpa descendit, ut in praesenti uita generaliter omnes moriamur et simus, tamquam non fuissemus. Unde psalmographus uates gemibundus proclamat:[6] *Haec est lex Adam, domine deus, hoc est, ut mortem corporis nullus euadat.* Uotamen itaque huius praeceptoris propterea non exprimo,[7] quia et ille pepercit exprimere meum, sed tamquam ex obliquo spicula dolosi dogmatis in me contorsit et uelut

(a) sanguis *B.*

(1) Matth. 27, 25.
(2) Levit. 19, 16.
(3) Cfr. supra p. 59.
(4) Ioann. 8, 44.

(5) Genes. 3. 5.
(6) 2 Reg. 7, 19.
(7) Cfr. supra p. 59.

f. 87' histrio ad ludibria coaceruanda conductus *adeo me carpere studuit, ut inter alia execranda sicophantam appellaret. Sicophanta quidem graece dicitur, quem nos impostorem siue calumniatorem possumus appellare. Moris namque est humanae fragilitatis, conuiciis conuicia reddere. Reuera enim poteram et ego conuiciis eius talionem reddere et utique non fictum, sicut hi compertum habent, qui me et illum non parua ex parte nouerunt, sed prohibet me Maronis sententia, quae dicit:[1]

Nullum certamen iam cum aethere cassis.

Quid plura? uerum quia et ego peccator sum et in multis offendimus omnes clementissimum saluatorem suppliciter exoremus, ut et illi ueniam delictorum donare dignetur et nobis solita pietate succurrat, quatenus inter mundanas uarietates atque procellas caelitus protegamur et ad portum aeternae quietis pacifico cursu pertingere mereamur.[2]

---

(1) Verg. Aen. XI, 105 Nullum cum uictis certamen et aethere cassis.

(2) Addere liceat fragmentum f. 1: (mundi termino pro pinquante magis ac magis habundat iniquitas, idcirco probabilibus declarandum est documentis, qualiter in illis, quae luce clarius deo inimica esse monstratur, ueluti homicidium sacrilegium nulli umquam potestati obtemperare debeamus et ad scelera committenda nullius obligatio timenda uel obseruanda sit. Scimus igitur, quoniam contra nos seuire incipiunt et acerrimas iaculari minas.

Et quia nihil nos a caritate dei separare poterit, rectius putamus seuientium displicere comminationibus et uestris saluberrimis oboedire iussionibus. At uero si praesens opusculum ideo quisquam superfluum putauerit, eo quod ad tempus non sit, qui nobis iudicium proferat aequitatis, nouerit plane, quia iuxta beatum Hieronimum cano mihi et meis uidelicet, ut — non dubitemus expectantes generalis concilii iustissimum examen auctore illo, ad quem clamantes — — causam tuam (cfr. De ordinat. c. 40).

EVGENII VVLGARII
DE CAVSA FORMOSIANA LIBELLVS.

Regnante domino nostro Ihesu Christo in perpetuum anno septimo decimo imperii Caroli quarti[a] Belgici Britannici Gallici Septimannici sacra synodus aput Lucetiam Belgicarum primam sanctae dei ecclesiae Romanae debitum notum. Sicut a magistris uelle semper discere laudabile est, ita et a discipulis ignorata non quaerere procul dubio ualde culpabile est. Qui enim de errore stupidae fatuitatis non satagit exire, quasi de tenebrarum caligine ad uiarum lucem pigrescit uenire. Unde fit, ut dum sapere neglegat, mens hebescat. Cur uero id dicatur, paulo post expedietur. Nuper enim dum conciliabulum ritu canonicali penes nos haberetur et sanctorum patrum decretalia in medio uentilarentur, accidit, ut quidam frater Roma rediens pro foribus nuntiaretur. Quem dum inter nos sessum recepissemus, quid noui scisset, solito percontati sumus. At is, o in protelando ductum sermocinationis dixit, qualiter iterum domnus papa rediuiue in Formosianos feriret ac crudum resecationis mucronem in eos protenderet. Sed, ut est consuetudinis, multi multa asserebant, ita ut tumultuaretur murmur loquentium et, ut dispar qualitas mentium, dispar esset et capacitas assensuum, utputa quotiens *uariatur ratio, probat unus, improbat alter, assumit, probat et r. 58' concludit ille, at iste aut mutat aut infirmatur et in concludendo improbat. Unde quidam disciplinalia capitula in promptu cudentes disputabant, quo pacto id posset effici, ut

(a) quarto *B.*

innocentes ut nocentes perirent et quaedam illicita facta no-
centium in innocentes caderent et expiatis nocentibus innocentes succumberent et sic — quomodo iustum, quomodo
utile, quomodo possibile, quomodo honestum uel quomodo decens? — durum omnimodis et informe arbitrabatur, uidelicet
ut illi episcopi uel laici, qui quoquomodo, ut ita dicatur, se-
ducti hunc elegerant, consenserant, fauerant insuperque iura-
uerant, benedictionem ⁽ᵃ⁾ necnon consecrationem ei impenderant,
immunes et extorres praedicarentur et hi, qui canonice iuxta
patrum institutionem consecrationes acceperant, innocenter
repudiarentur: innocenter scilicet, quippe qui nil scierant ex
illa infausta praeuaricatione.

Et quidem super hoc per diuersarum iam prouinciarum
sinus praelatos sanctae ecclesiae conuenimus, ut, quid senti-
rent quidue diffinirent, uicissim innotescerent. Scimus enim,
quia¹ una est fides, unum baptismum, unus omnium magister,
qui est Christus. Proinde in deum uos compellimus perque
communem fidem optestamur, quo, *uti benigne quaerimus,
blande et pie a uobis recipiamus responsum iuxtaque antiquorum canonum fulcimenta id corroboratum comperiamus.⁽ᵇ⁾
Res siquidem dura et noua corda perturbat incognita; non
enim singulare hoc negotium, sed uniuersale; incrementum
non humanum sed diuinum, non quidem temporale emolumen-
tum sed aeternum. Denique praeterito anno in Rauennali
conuentu super hoc disputatum et canonice a summo pontifice et uniuersali papa aeterna sanctione diffinitum et stabili-
tum est: in qua sessione ferme omnes episcopi Ausoniae una
cum sancta et celebri ecclesia Romana interfuere, ubi nemo
repulsor, non argumentator, non scriba neque peritus, qui
adeo terrenti facultate sibi suffecisse crederet, ut ad hoc reniti
strenuem se putasset. Qua igitur ratione hodie destruitur,
quod heri sancitum fuit? *si enim id, quod praedico, iterum*

        (a) benedictionis B.   (b) comperiamur B

(1) Ephes. 4. 5.

destruo, praeuaricatorem legis me ostendo.[1] Heri enim cantarunt canones:[2] Si quis uiolator sepulcri fuerit, ut inter infames personas sit, hodie mortuus de sepulcro per pedes extractus fuit;[3] heri enim ueneratus sum sanctae opinionis episcopum, quem hodie recolo acolithum, heri sacerdotem, quem hodie subdiaconem. Unde potius plangendum, quam disputandum.[4] Ô triduum perditum, ô concilium lugendum! spectaculum tremendum. Arboreus coluber carpere rursus suggerit e uetito fruticis hortum et heu quam miserum, quamue dolendum est, quam terribilis morsus ab illo, horribilis miseris lapsus in umbra.

Sed reuertamur, unde discessimus. Patet enim ratio quia, f. 59ʳ dum omnis mundus in suo stet statu omnisque ecclesia sub Christi militet optentu, sola ecclesia Romana peragit, unde post omnium ecclesiarum ordinatio tabescit.[5] Ponamus igitur duos Nicolaum et Formosum et, ut fertur, unus probus, alter reprobus, unus pius, alter impius, quis eos sacrauit, quis ad astra prouexit, nisi Roma? Etenim Grecia nesciebat Formosum, Francia Nicolaum. Pietatis autem instinctu uterque Romam uenit, uota reddidit, papam uti deum requisiuit. Ostendistis unum, ut papam uenerari dixistis, monstrastis alterum, ter adorare iussistis et quia uobis, ut ministris beati Petri crediderunt, oboedientes fuerunt: ideo damnandi, ideo anathematizandi? Ordinatus fuit Nicolaus sanctus et iustus, quid pertinet ad Grecos? Unde laudandi ex hoc? Positus Formosus: quid peccauit Thracia? Uestra est quippe causa: uos uestrum ponitis, aut bonus aut malus sit, per uos fit. Uos inde digni

(1) Gal. 2, 18.
(2) Concil. Roman. c. 9 (Mansi coll. conc. XVIII, 223), Invect. in Rom. p. LXX: Leges siquidem mundanae et canonicae. scita quoque barbarica sanciunt et omnimodis determinant, ut uiolatores sepulchrorum inter infames habeantur. (3) Ib.: eius cadauer iamque per nouem menses sepultum per pedes de sepulchro extraxisti; iam post nouem menses mar-

cidum .. de sepulchro extraxisti; p. LXXIV: quem crudelissima praesumptione de sepulchro extraxisti. (4) Ib. p. LXX: quod flendo magis quam disputando consentimus. (5) Invect. in Rom. p. LXX: ualde mirandum est, cum omnes ecclesiae..in proprio statu permaneant, sola Romana ecclesia procellosis ab fluctibus nauitas suos mortis proximos redundat.

aut laude aut uituperatione: nos nil agimus, nisi positum
ueneramur et, sicut docetis, adoramus et, quem testificamini,
colimus ac postea pro ea ueneratione damnamur? Num quidnam hoc iustum? Praeterea legitur Iudas Scarioth electus
fuisse et baptizandi, ut ceteri, facultatem accepisse et quicquid baptizauit, a nemine rebaptizatum fuisse: denique ad
id ualet, quod dicimus, ut emergentes quaestiones discutiamus.
f. 90 Si, inquiunt, Iudas fuit *electus, potuit permanere ideo et
baptizatio eius: uerum econtra Formosus non fuit electus
potiusque excommunicatus; inter laicos fuit habitus et quicquid
iuris ecclesiastici habuit, perdidit postque ecclesiam inuasit,
priuilegia rupit et quicquid libuit, licuit, unde quod non
habuit, dare non potuit. Sed ad haec actor: si uerum sit,
dubium est, at quia non uerum sed uerisimile est, incredibile
est; excommunicatum enim fuisse eum notum est, sed utrum
liuore[a] an sui noxa, soli deo cognitum est. Fuit porro excommunicatus, sed postea absolutus, alioquin facultatem in-
trandi non fuisset nactus. Quomodo igitur ausus ingredi, nisi
primum gratiae datus, quod plerique de semetipsis sunt ex-
perti. Nonnulli sane uisi sunt excommunicati, qui postea ad
decus gratiarum sunt prouecti et hoc ad sui utilitatem.

Quod uero ecclesiam dicitur inuasisse, qua turba, qua uî
caput orbis ab inermi uili simplicique homullulo inuadi potuisset, non clare liquet,[1] nisi enim cum imperatore, patricio
uel tiranno Roma capi et inuadi impossibile uidetur. Ubi
ergo tanta nobilitas et antiqua, tam inuicta potestas,[2] unde
quotiens hoc amminiscitur, magis ad ciuium pertinet turpitu-

(a) libore **ll.**

(1) Cfr. Vulgarii in defens. Formosi
papae f. 105: incredibile itaque est,
ut sapientia totius mundi, Roma excommunicatum quemlibet sibi caput
fecisset; impossibile etiam erat, ut a
quolibet uili homullulo tam uiuida
uirtus senatuum inuadi potuisset; f.
109': uideatur incredibile et impossibile esse, ut ab uno tantillo homuncio
tanta sublimitas tantaque maiestas,

caput mundi subici et inuadi quiuisset.
(2) Iuv. i. R. p. LXXII: Qua enim
turba, qua uiolentia totius caput orbis ab in. uilique et simpl. homululo iam
inu. pot., nisi en. imperiali aut re-
gali uel patriciali aut tirannica potestate fuisset suffultus tantae potestatis apicem inuadere ualuisset?
Ubi ergo, o Roma, tanta tua nob.
et ant. tam inu. potestas?

dinem, quam ad honestatem. Iam igitur si sedem apostolicam, ut fertur, praeripuit, omne consilium Romanorum, uirtus
et sapientia perniciter obdormiuit. Quid igitur? Numquid
eos ligauit aut uiolentiam inferens episcopis, *ut cum sacra- f. 90'
rent[a] exegit[b] [1] et si cum complicibus combinatus, ut episcopos
terreret, fieri potuit, quid tanta maiestas procerum?, quid
ferrea manus rei puplicae? Numquid coegit uique ab eis sacramenta extorsit? Itane possibile fuit? Sed ueritatis ordo
liquidius constat, quod absolutus, utrum factiositate an pecuniis, sibi tamen eos conciliasset et cum eis fauentibus ad
arcem pontificatus sese extulisset. Etenim notum est, quia
ab ipsis episcopis sacratus est, a quibus praedecessores sacrati
et ad quorum ius pertinebat sacrandi[2] et si potestatem super
praedecessores inuocandi dei uirtutem habuerunt, habuerunt
et super istum. Ut enim baptizat sanctus, ita et peccator et ut
baptizatur praescitus, ita et praedestinatus, quia sacramentum
unum est. Unde siue digne an indigne ab ipsis est ordinatus, a quibus et praedecessores et quam inuocationem super
priores fuderant, eandem et super istum. Ecce, cum dicatur
non habuisse, liquet qualiter declaratur accepisse, quod accep-
tum potuit et largiri. Non enim propter illorum manuum
impositionem et sacrationem ausus fuisset sedem ascendere
tantumque culmen arripere, immo nec erat possibile.[3]

Uerum quia ordinatim praecessit, qualiter sacrationem
habitam dare potuisset, restat unde iudacista et formosianista
baptizatio et ordinatio diligenter prospiciatur. Habuit *Iudas f. 91
baptizandi potestatem, habuit, ut dictum est, et Formosus per
consecrationem episcoporum. Sed hoc habuit alter altero
maius collatum, quod datum habuit spiritum sanctum. Unde
ergo est, quod Iudae baptizati non rebaptizantur, alterius

(a) sacraret *B.*   (b) exegitur *B.*

(1) Ib. Iam ig. — consilium principum tuorum uirtusque et sap. ob-
timatum perniciter — exegit.
(2) Inv. l. l. Etenim — praedeces-

sores eius — ad quos — sacrandi.
(3) Ib. Ecce — potuit elargiri — ausus
fuit apostolicam sedem asc. tantaeque
potestatis culmen —. possibile.

uero ordinati reordinantur? Sed dicis forsitan: non potuerunt episcopi Formoso per impositionem manuum dare spiritum sanctum; ergo nec praedecessoribus suis, quos pari modo sacrarunt. Uel aliter: si potuit indignus Iudas baptizandi facultatem accipere, potuit et indignus Formosus et habere. De Iuda enim dictum est:[1] *nonne duodecim uos elegi et unus ex uobis diabolus est*, unde, si illius diaboli baptizatio abo· lita non fuit, quomodo canonice ordinato pontifice, catholice uiuenti et morigeranti antestite eius irrita dicitur et probatur ordinatio postremumque funditus abolitur? Dico tamen: iam episcopus depositus est[a] et omnis, qui de ordine illius inuentus est. Quid de infantibus? deponentur, ut iterum ethnici fiant? Quid, si parcitur eis, quare hoc? Praeterea oratorum cum proprie sit dicere causas pro se agereque pro aliis, quia non aliter res examinari quiuerat, argumentorum partibus peroratum est, ut uel sic, quod esset optectum, efficeretur detectum. Liquet plane, quia omne propositum est, quod aut immutari, minui aut infirmari potest, stabili non sit gradu totiusque careat firmitatis statu. Quocirca rogamus, ut praesens quaestio, quae ab actore sub argumen*tatione depulsionis uel infirmationis extenuata est, si quomodolibet[b] id defendi possit, doceatur et erudiatur.

f. 91'

    Cap. II   Quod idem sint pastores, qui et oues.

Denique corpus Christi, quod est eius ecclesia, dum in praelatis et subditis sit fundata, horum duorum cuipiam noxa est, unde reatitas huiusce nouae maculae proserpuit aut per incautam pastorum moderamiam[c] aut per fatuam ouium inoboedientiam, qui licet pastores discrete et oues dicantur, alibi tamen generaliter oues uocantur, ipso domino dicente:[2] *et alias oues habeo, quae non sunt ex hoc ouili et eas oportet me abducere et uocem meam audient et fiet unum ouile et unus pastor.* Hic itaque ostenditur, qualiter omnes in Christo

(a) iam episc. depos. est *repetuntur uitio scriptoris.*   (b) quolibet *B.*   (c) moderationem?

(1) Ioann. 6, 71.   (2) Ioann. 10, 16.

unum sumus uel qualiter solam uocem Christi audire debeamus et, ne quis aduersus alterum occasione[a] praelationis superbe magisterium exerceat seque inflans in dominando turgeat, omnia in omnibus conclusit dicens: meam uocem audient et unum erit pastor et ouile. Uerum sicut dicit apostolus:[1] *Ad aedificationem ecclesiae in opus ministerii quosdam dedit apostolos, hos prophetas, illos magistros*, quibus generatim specialiter iura collata. Ouium porro ius est, parere maioribus in omni humilitate, sequi et imitari praelatos, salua ueritatis forma. Quid sin aliter docuerint, num sequendi? Minime. *Cauete*, inquit *dominus*[2] *a fermento phariseorum et sadduceorum* et rursus[3]: *Alienum autem non sequuntur, sed ab eo fugiunt.*

Cap. III De moderatione pastorum.

Praelatorum quoque proprium est *doctrina cum moderatione, f. o quod princeps apostolorum docet:[1] *Pascite qui in nobis est gregem dei prouidentes non coactos sed spontanee secundum deum, non turpis lucri gratia, sed uoluntarie neque ut dominantes in clero, sed formae facti gregi ex animo, ut cum apparuerit princeps pastorum, percipiatis immarcescibilem gloriae coronam.* Quocirca fatemur nos oues et uos uicarios sancti Petri, si tamen uicem illius merito habetis, sub dicione uestra iacemus, sed limpidam aquam, quia pedibus turbatur uestris, haurire nequimus. Unde uementer dolemus et grauiter ingemescimus; ideoque necesse est, ubi deest humanum auxilium, quaeratur diuinum. Praelationem uestram super nos canonice honoramus, sed, quia iugo nouitatis grauamur, ad eum, qui nos comparauit, suspiramus. Decens nimirum fuerat, quia[b] quod a patribus esse nouimus sancitum, nullatenus a uestra potentia esset remotum; optaremus super nos esse ser-

---

(a) occasionem *B.*   (b) quo *B.*

(1) Ephes. 4, 11. 12.   (3) Ioann. 10, 5.
(2) Matth. 16, 11.   (4) 1 Petr. 5, 2. 3. 4.

uatum; quod olim manet decretum, sed quia pulsa est auctoritas, regnat uoluntas.

C. IIII De cauenda nouitate.

Celestinus papa: *Si studere*, inquit, *coeperimus nouitati — —
infundenda praecepta.*[a]
Item ex decretis papae Leonis. *Igitur secundum sancto-*
f. 0' *rum *patrum canones — — praesumptione discedant.*[b]

Quae cum ita fixa sint, uidetur, ut noua passim inoleuit
prauitas, in tantum, ut antiquorum ossa humi cruderata[c]
forisque in ethnicorum poliandrio aggerata in aliorum sepulcris carorum condiantur corpora, contra concilium Toletanum,
quod ait:[1] *Ut si quis in demoliendis sepulcris fuerit deprehen-
sus, quia facinus hoc pro sacrilegio legibus puplicis sanguine
uindicatur, oportet canonibus subici regulis, si clericus est a
clericatus ordine summoueri, si laicus inter infames haberi et
poenitentiae triennio deputari.* Quid, nisi Roma puplice exemplum dedisset, non a popularibus iure defensum sed neque
habitum esset, quippe maxima ruina populi ex culpa sacerdotum fuit et omne malum exemplum ex bonis rebus deduxit
ortum; cunctum enim neuum ex bono caelo infecit ductum
et ecce, quod non docuerunt patres.

C. V De non iurando.

Simili modo a uobis, qui dicimini pastores, uim patimur, dum
impositionem uestrarum manuum accipientes emere spiritum
sanctum cogimur et in sancta sanctorum iurare compellimur,
cum dominus inhibeat[2] non iurare neque per caelum neque
per terram neque per caput tuum. In decretalibus quoque
Cornelii papae uetatur, ne sacerdotes, sicut uulgus solet facere,
iurare praesumant uel compellantur. *Sacramenta a summis*
f. 92 *sacerdotibus*, inquit, *uel a reliquis exigi *minime cognouimus
nec sponte eos iurasse repperimus.*[3] Hoc apostoli, hoc prae-

---

(a) J. 152, Mansi IV. 465 (Decr. Pseudoisid. p. 559) c. 1 superscriptionibus. ad talia.
quam Indendi.   (b) J. 189 (Mansi V, 1251, Decr. Pseudois. p. 619 c. 2) spiritu — prae-
tenditur deest. ins antiquitus traditum. neglegentia.   (c) erugerata B.

(1) Synod. Toletana IV a. 633 c. 46   (2) Matth. 5, 34 — 36.
(Mansi X, 630, Decret. Pseudois. 370).   (3) Decret. Pseudois. p. 173 c. 3.

decessores nostri, hoc prophetae et sancti doctores iuramentum fieri uetant, quorum nos iura sequentes firmamus et sacramenta ne fiant prohibemus. Hinc papa Leo:[1] *nullus*, inquit, *episcopus super sacra iurare praesumat, decernimus; quod qui transgressus fuerit quolibet modo, censurae ecclesiasticae subiaceat.* Qui locutus est a repugnantibus. Si itaque caelorum quis habet claues, non destruit canones; at qui destruit canones, procul dubio non habet claues.

C. VI De non ordinando per pecuniam ex concilio Chalcedonensi.[2]

Si quis fecerit ordinationem per pecuniam et sub pretio redegerit gratiam, quae non potest uendi ordinaueritque pecuniis episcopum, presbiterum uel quemlibet, is, cui hoc attemptanti probatum fuerit, proprii gradus subiacebit periculo et qui ordinatus est nihil proficiat, alienus ea dignitate et qui mediator est, anathematizetur. Hinc Hormisda papa: *Benedictio — — nullo modo praemio comparetur.*[a] Ecce quod Christus iecit de templo, Petrus puniuit in Simone adultum[b] isto in tempore non habetur in crimine.

C. VII Quod successorem non possit sibi quis facere. Ex decretis Hilarii papae.

Nonnulli episcopatum non diuinum sed hereditarium — — quod dei est.[c] Ecce, ubi pecunia cooperante non obseruantur r. 92' canones et ecce quot modis sacra infrangi iura et cum omni temeritate cotidie defectum pati, pia condolet ecclesia. Uerum quia corrigere ob fastum altitudinis nequit exemplum subditorum, id magis est, quod plangit: primum quod per uexationis ambitum, ut omni carni notum est, pontificatus inuaditur, dein quod omnis ordinandus spiritum sanctum mercetur, quod cuique de se ipso ordinato cognitum est: postremum quod

(a) J. 497, Mansi VIII, 432. Decret. Pseudois. p. 690 c. 2 a deo dari. (b) edultum B. (c) Hilarii synodale decretum n. 465 c. 5 (Mansi VII, 961, Decret. Pseudois. 630) atque mortales — testamentario deest. unde quidam in locum suum nituntur alios subrogare. aestimari debetur ne quod. quisquam deest.

(1) Hunc locum inuenire non potui. (2) C. II (Mansi VII, 373).

nemo quispiam impetret, nisi iusiurando confirmet. Interea cum multiformiter praeuaricatio pro lege constituta iam efficiatur, quid papa Leo super hoc censeat, audiatur. Die, sancte Leo, die. Leo per uniuersas prouincias episcopis constitutis: *Ammonitio nostra denuntiat, ut si quis contra haec patrum statuta — — nouerit denegari.*ª

C. VIII De institutis patrum Innocentius papa.

f. 93 *Si instituta ecclesiastica — — scandala populorum.*ᵇ

C. VIIII De uicario sedis Romanae.

Quia deo ordinante uicarius sancti Petri, si tamen est iure, ueneratur omnium caput, merito ad eum quaerellarum questus et de ipso ad ipsum fiunt profugia, ut, ubi est caput religionis, ibi et captetur rationum finis. Sic quidem instruimur dicente Iulio papa:[1] *Si quis putauerit se a proprio metropolitano grauari apud primatem dioceseos aut penes sententiam apostolicae sedis iudicetur.* Ideoque ob legis custodiam iurisque apostolatus reuerentiam humili et subiecto accessu apud nos querimur, nos oues uos pastores et o utinam uos pastores nosque oues simul de alterno prouectu mereamur esse ouantes. proinde subsidant sinistra, absistat et socordia, liceat loqui commoda, audiat ouem pastor, si tamen sicubi est pastor. Nimirum fisicum est, ut morbus a capite manans adeo sensim artus percurrat, quoad totius molem corporis infectam ad ima recurrens emergat. Sic prorsus sic a capite, quod fuit quondam Romanae urbis, nunc tabo et sanies miserrimae opinionis profluunt et utpote fulmen, *fulgora, uoces a throno et tonitrua*[2] per totius orbis rotam non bene redolentes rumores procedunt, quod malum idcirco constat, quia ingressus pontificum pater caelestis rigando non plantat neque incrementat.[3]

(a) J. 180, Mansi V. 1230, Decret. Pseudois. p. 615 c. 5, ammittere, sit officio summouendus constituta omnium praedecessorum, ordinibus et canonibus, a uestra dilec.ione, custodiri, in illa commiserit. (c) J. 108, Mansi III, 1028, Decret. Pseudois. p. 527 nulla uarietas deest, quisque, sibi estimat, locis fiunt scandala.

(1) C. 12, Decret. Pseudois p. 468. (3) 1 Cor. 3, 7.
(2) Apoc. 4, 5.

C. X *Si quis pro pontificatus ingressu quod dederit r. 93ᵛ
uel cuipiam iurauerit perdat dignitatem. Simmachus papa.
*Propter frequentes ambitus — — dignitate uel communione*ᵃ
*Quod si examen emerserit, uincat sententia plurimorum.*ᵇ
Item Bonifacius papa: *Si duo episcopi Romae ordinen-
tur, ambo pellantur.*¹ Huic etiam Bonifacio petenti Uictor
augustus imperiali robore sanciuit:² quatenus ab ambitione
summi praesulatus ita cessarent, ut si duo contra fas temeritate certatim fuissent ordinati, nullum ex his futurum penitus
sacerdotem, sed illum solum in sede apostolica permansurum
diuino iudicio, quem uniuersitas elegerit. Hinc ex statutis
orientalium suscepto in nomine Christi episcopatu non suae
delectationi nec suis moribus sed patrum diffinitionibus ac-
quiescat.

C. XI De ordinatione Formosianorum.

Concussio ecclesiae et labefactio sacerdotum praesertim animis iustis et plus sapientibus quam oportet sapere, ex capi-
tulo quinquagesimo quarto Innocentii papae³ ortum est, unde
manubrium uituperandi dei ministerium Iudaeis et barbaris
improuise porrectum est. Hinc est, propter quod temperan-
tia modera*minis perditur, caritas neglegitur, tunica illa de- r. 94
super contexta per totum scinditur⁴ maleque sortita perniciter dirrumpitur ac pastor, qui putabatur, in lupum uertitur⁵
et o tunc non bene scriberetur, si sic nunc male intellegere-
tur. Satius enim multo non fuisset scriptum, quam ob id
omne ius ecclesiasticum esset confusum. Dicit enim papa
Innocentius: *Cum nos dicamus ab hereticis — — manus impositionem dedit.*ᶜ Ecce textus auditus et impectoratus, ecce

(a) *Symmachi synod. a.* 499 c. 3 (Mansi VIII, 231, *Decret. Pseudois. p.* 655) quorum
ecclesiae. constituimus, ut si quis pro pontificatu promittere aut sacrare, aliquid pollicitus
fuerit uel super hoc. decern. studuerit locis ui priuetur. (b) *Ibidem.* (c) *J.* 100,
Mansi III, 1060, *Decret. Pseudois. p.* 550 c. 3. manuum. ubi enim. quo — *sanitatem deest.*

(1) Hunc locum non inueni.
(2) Mansi coll. conc. IV, 393. Pseudois. p. 554.
(3) J. 100 c. 3 l. l.

(4) Ioann. 19, 23.
(5) Invect. i. R. p. LXXI: Hinc est
— disrumpitur — uertitur.

omnis auctoritas frangere sepulcra, uiolare iura. O felix capitulum hereticorum, per quod caritas rumpitur catholicorum, nulla iam quies sepulcri, nulla pausa mortui.

Sed dicit forsitan aliquis: Formosus catholicus et orthodoxus in gremio apostolici natus, imbutus et detritus numquam fuit hereticus auditus. Caeterum quod domnus Innocentius papa promulgauit, summa est ueneratione dignum coque, quod dixit, *spiritu intellegendum, sed quod dixit de hereticis non est eotenus de catholicis accipiendum. Quid si obicitur ei uiolentia, dicitur a parte, quia nemo pontificum alius aliter intrat, nisi aut per uim, ut Herodes, aut per pecuniam, ut Caifas, unde quicquid in eo carpitur, in cunctis reperitur. Denique quia catholice uixit et gentes praedicauit,' et sua testantur et plurimorum saecula ac per hoc, quia non fuit hereticus, sed uerus catholicus, patet profecto potuisse cum accipere, quod potuisset et dare. Nam si dicitur, non potuisse dare, quod non acceperat, cum uerissimus catholicus fuisset ac primum episcopus, postea summus pontifex, sicut et Marinus episcopus, nihilominus nonnulli et alii eius praedecessores, quo pacto proditor ille diabolus potuit dare spiritum sanctum, quem non acceperat? Legitur enim, quod nondum fuisset spiritus datus, quia nondum fuerat Ihesus glorificatus. Num Iudas non dabat, quod non acceperat, dum per sui ternam mersionem sub diuina inuocatione ex spiritu sancto dabat remissionem? dabat, inquam, sed non de se excitabat, quod non habebat: quanto magis iste, qui omnem ordinem compleuerat ecclesiasticum in accipiendo spiritum sanctum, non poterat dare, id quod acceperat.

Poterat, inquam, dicis, si accepisset: quae obiectio re-

---

unde ubi poenitentia necessaria est. decernimus *deest.* si ut. qui tetigerit immundum immundus. id quod munditia. quin etiam asserit eum. illum quicquam. cui nihil. quod ille — quia *deest.* quod enim utique *deest.*

(1) Uulgar. in def. Form. p. f. 108: is etiam gentem Bulgarorum uita sanctitatis praedicationem confirmans, ut uerus apostolicus ad fidem adduxit.

f. 105': hic enim dum esset celebrior ea tempestate suis contribulibus nobilitate, morigeralitate grauiorque omni probitate.

pellitur, dum cum hereticum non fuisse ostenditur. Unde
conuictus necesse est, ut concedas, eum accepisse, quod potuisset et dare. Etenim peccatum nemo dimittit, nisi solus
deus et cum ita sit, liquet, *quia non dimittitur originale. ꜰ 95
nisi per officium sacerdotale efficitur motus, unde fit effectus.
Sacerdotis quippe est operatio, per quam datur remissio et
cum datur, non ex sacerdote sed per sacerdotem datur. Aliud
est enim ex suo dare atque aliud per eum quid dare. ' Quo
fit, ut detur per efficientiam, quod non habetur per habitudi-
nem, infunditur nihilominus uita per efficientem, sicut et datur benedictio per inuocantem. Fit exterius mysterium per
uerbi cooperationem, quatenus reformetur homo interius per
diuinitatis plenitudinem, excitatur uerbum et datur sacramentum, accedit homo super hominem, deus super mentem. Hinc
est, ut per effectum exteriorem uideas interiorem; effigiatur
nempe umbra exterius, ut ueritas contempletur interius. Hinc
dominus ait:¹ Spiritus est, qui uiuificat, caro non prodest
quicquam. Et apostolus.² Nihil est, qui rigat, sed deus. qui
incrementat, quocirca manifestum est, habuisse Formosum ef-
ficaciam dandi, quia habuit facultatem accipiendi, per episco-
palem manuum impositionem, simul et uerbi inuocationem.

Sequitur et dicit: qui honorem amisit, honorem dare non
posse, sed hoc totum de hereticis. Caeterum cotidie catholicorum fit honoris lapsus et rursus in eodem status, ut scriptum est:³ Septies in die cadit iustus et resurgit, et iterum:⁵
Numquid qui dormit, non adiciet, ut resurgat. Nimirum magnus ille rex Dauid et summus apostolorum Petrus grauiter
ceciderunt et tamen a lapsu exilientes ad pristinum demum
honorem subierunt. Quare ergo non conceditur, quare non
placet, ut sub ipsa forma catho*licus resurgat Formosus, cum ꜰ 95'
certum sit, a praedecessoribus suis omni honori esse reddi-
tum, gratia habitum ac post omni incremento ecclesiastico

ordinabiliter ad summam sedem prouectum, nisi quia inuidia
diaboli mors introiuit[a] in orbem terrarum et imitantur eum,
qui sunt ex parte eius. Quare itaque non patitur resurgi ab
illis, qui de mortuis iudicant, qui non se ut homines scire
sed ultra hominem esse et scire se ferunt, quod plane non
esset consequens, nisi et esset praecedens; nequaquam enim
id opere ageretur, nisi primum mente agitaretur. Debuerat
certe erubesci homo uelle deo tollere, quod suum est. Pater
enim omne iudicium dedisse filio dicitur, non Romae, neque
filius dixit: tu es Roma et super hanc Romam aedificabo ecclesiam meam, sed:[1] *tu es Petrus et super hanc petram*, non
dixit Petrum, sed petram, intellegi uolens eius fidei et con-
fessionis soliditatem aedificare et firmare immeritorum subse-
quacium consimilem, non quidem sequacium sine merito:
alioquin non est sequax Petri, si non habeat meritum illius
Petri. Quid igitur: ostende mihi fidem sine operibus[2] et ego
ostendam tibi sequacem Petri sine merito illius Petri. Unde
ergo est iactantia; si meritum eius nemo potest habere, quomodo eius potestatem se gloriatur habere? Num dicendum
est, profuisse summis sacerdotibus super cathedram Moysi
sedisse[3] aut etiam de stirpe Abrahae secundum carnem de-
scendisse? Minime.

Perindeque si canones ueluti Sirenarum cantus surda
transiguntur aure,[4] deberent saltem ominosam mentem scolae clamantes mollescere, quae dicunt nullum *cum mortuis
certamen parcendumque esse sepultis.[5] At contra delatorum
agitationes satis beniuolis super hoc respondisse debuerat
iam sufficere, sed quia eorum importunitas modum carpendi
nescit, additur, quia si dicitur Formosus Portuensis episcopus

(a) introibit B.

(1) Matth. 16, 18.
(2) Iac. 2, 20. 26.
(3) Matth. 23, 2.
(4) Hieron. adv. Iouinian. l. 1 c. 4: quasi sirenarum cantus et fabulas clausa aure transite.

(5) Uulgar. in def. Form. f. 108: cui tanto uiro examinato ut aurum nil iuuare potuere scolae clamantes: o parcite sepulto et nullum cum mortuis certamen. sed fuit in eo licitum, quod libitum.

fuisse, dicitur et Marinus praedecessor eius episcopus exti-
tisse. Bonum quidem persequi uitium eius fuisset, si non
imitabile esset, at quia imitatur, turpe est doctori, cum culpa
redarguit ipsum. Hinc Paulus:[1] *Qui praedicas non furandum,
furaris, qui dicis non moechandum, moecharis, qui abominaris
idola, sacrilegium facis, qui in lege gloriaris, per praeuarica-
tionem legis deum inhonoras.* Ergo si destruitur ordinatio
Formosi, quare non calumniatur et Marini, qui similiter episcopus fuit?[2] Quis itaque sic sobrius, sic parcus, quare laudabilis uirginitas eius non imitatur[3] et si non imitatur, quare
blasphematur, quare corpus eius a spiritu sancto inuiolabile
seruatum ita ferire discerpitur et dilaceratur? Ubi sunt leges,
quae hoc iubent, quis umquam audiuit talia, non prorsus auditum in Chanaan neque uisum in Theman.[4] Corporeo siquidem suco haeserat busto, unde non tam facile discerpi poterat, cum, ecce, subito rabidi duo frenetica frendentes saga-
citate fixis pedibus, horribile dictu, super uenerabile corpus
sacri pontificis cruda agitatione totam compagem substantiae
eneruiter ruperunt, pauor et timor omnium, quorum mens sa-
nior erat.[5] Ecce, unde ministerium dei uituperatur[6] in gentibus: Iudaeus gannit, Agarenus illudit et quia in axe mundi
talia fiunt, celari non possunt. Ecce, quod quasi[a] ..... Hieremias expauescens clamabat:[7] *Horribilia*, inquit, *facta sunt
super terram, prophetae iniquitatem prophetant* *et de corde*[f. 96ʳ]
suo mendacia praedicant, unde in desiderio animae suae attra-

(a) *Spatium uni uerbo congruum uacat.*

(1) Rom. 2, 21—23.
(2) Uulg. in def. Form. f. 109ʳ: Quod
si tu, inquam, dixeris episcopum il-
licitum esse scandere ad papatum, pa-
uendum est, ne irritum dicas Marinum
et eius factum.
(3) Uulg. in def. Form. p. f. 108:
is est profecto ille, qui in omni uita
sua tantae grauitatis forma extitit, ut
uinum non biberet, carnis gustum
nesciret, femineae copulae expers oc-

togenarius uirgineum suum corpus
hominem exuens terrae commendaret.
(4) Baruch 3, 22.
(5) Uulg. l. l.: et cum tanta probitate praeditus, toto mundo ut alter
Lucifer illuxisset, uim passus in sepulcro, busta diruta, ossa fracta, uti
quoddam mephiticum eiectus est extra
puplicum.
(6) 2 Cor. 6, 3.
(7) Ierem. 5, 30. 31; 2. 24.

9*

xerunt uentum amoris sui. Et Paulus:[1] *Ego,* inquit, *scio, quia intrabunt post discessum meum lupi graues in uos, non parcentes gregi et ex uobis ipsis surgent in homines loquentes peruersa, ut adducant discipulos post se* et alibi[2] isdem praesagus futurorum discipulos cauere[a] ab his monet, ut nouitates uitent uocum profanas, ad impietatem enim semper ista proficient, quae semper spinas et tribolos intulerunt.[3] Iubens etiam Timotheum,[4] ut denuntiaret quibusdam, nê quis aliter praedicaret et rursus:[5] *State et tenete traditionem, quam accepistis* et item:[6] *Etiam si angelus de caelo ueniens euangelizauerit praeter id, quod euangelizatum est, anathema sit.* Non enim frustra a domino interminatur:[7] *Extendam,* inquiens, *manum meam super prophetas, qui uident mendacia et loquuntur uana in populo meo, non erunt disciplina neque in scriptura domus Israhel scribentur et in terram Israhel non intrabunt, quia populum meum seduxerunt.*

Ecce igitur tempus ueniet et nunc est, quando non oues pastoribus, sed pastores perierunt ouibus, quas ob res beatus grex, cui dedit dominus de pascuis iudicare. Denique papa Celestinus hoc in spiritu praeuidens:[8] *Semper,* inquit, *abscidendi sunt, qui conturbantes animos christianorum pro arbitrio suo euangelia uertunt et deo fructificare non sinunt.* Certum est enim, quia tales sententiarum nouitates de uana gloria descendunt, dum sibi nonnulli uolunt acuti perspicacesque uideri, quaerunt quid noui proferant, unde temporalem acuminis gloriam consequantur. Unde uos oues Christi impiam disputationem respuite, ut uigilantes in Christo inter cibum f. 97 et uenenum certa *uobis discretio sit et permaneatis in his, quae docentibus superioribus pastoribus didicistis. Fuerunt enim hactenus sacerdotes magisterio et sanctitate pollentes,

(a) cauere *B.*

(1) Act. 20. 29. 30.
(2) 1 Tim. 6. 20.
(3) Hebr. 6, 8.
(4) 1 Tim. 2. 3.
(5) 2 Thess. 2. 14.

(6) Gal. 1. 8.
(7) Ezech. 13. 9. 10.
(8) Hunc locum inter decreta Coelestini papae non inueni.

qui numquam a paternis traditionibus deuiantes ecclesiam
summa quiete rexerunt. In his etenim, qui aliter docent,
quam apostoli tradiderunt, quod spei inueniatur, ignoro, qui
non solum attritos non alligant,¹ sed et alligatos conterunt;
non solum elisos non eleuant,² sed etiam stantes conantur
allidere; non solum dispersa non colligunt, sed et collecta
dispergunt, quamuis nec conteri possit domino mens dicata,
nec elidi, qui stat in uirtute caelesti, sed nec sancta turba
dispergi. Postremum quod accusatur Formosus, hoc ab inui-
dis, non quidem a suarum uirtutum emulis, si quidem accusare illustres uiros sui famam quaerere est: plerique etiam
propterea uolunt alios accusare, quia per illos se cupiunt
excusare.

C. XII De contentione.

Quod magnopere contentio cauenda sit, Anastasius papa:³
Nos, inquit, *humiliter supplicantes controuersiam in ecclesia
remanere nolumus, cum magis contentio uitanda sit,* sicut dicit
apostolus:¹ *Cum sint inter uos aemulationes et contentiones,
nonne carnales estis et secundum carnem ambulatis?* Item:⁵
*Nihil per contentionem neque per inanem gloriam, sed in hu-
militate mentis inuicem aestimantes sibimet ipsos superiores non
sua singula respicientes, sed aliorum.* Si enim nonnulli pro
praelatione insolenter in animo sese non efferrent, nequaquam in subditis potestatiue, ita ferirent, sed dum uident se
gradu superiores, despiciunt elato oculo humiles inferiores.

C. XIII De qualitate praelatorum.

Leo papa monens et informans praelatos ecclesiae ob custodiam caritatis pastorum et ouium: *Ita,* inquit, *adhibenda* ꝛ.97ʳ
est correctio, — — tendit ad noxam.⁶ Simplicius quoque papa

(a) *J.* 189, *Mansi* V. 1279, *Decret. Pseudois. p.* 618 unde apostolus ad regimen Timotheum. ait. fratres et cet. si quibuscumque. uidelicet. accidunt. sint. eos corrig. qui sua
quaerunt. discedit.

(1) Psalm. 146. 3.
(2) Psalm. 144. 14.
(3) J. 464, Mansi VIII, 189, Decr.

Pseudois. p. 655 c. 4.
(4) 1 Cor. 3, 3.
(5) Phil. 2, 3. 4.

inter caetera: *Priuilegium procul dubio meretur amittere, qui permissa sibi abutitur potestate.* Hinc et Leo: *Unusquisque proximo suo placeat — — sit minister uester.*[a]

C. XIIII Quod mortui non sint a uiuis iudicandi.

Praeterea, quia totum pondus ratiocinationis huius negotii ex Formosiana causa ingruit, si quid mitius effici potuisset, ne caritas ecclesiarum quassata fuisset et tam lugubris bar-barorum irrisio ecclesiam non oppe*tisset, uideamus, si documento canonum quoquorsum ratio elici potuisset, potius intactam causam Formosi transisse, quam tantam molem nouae calumniae commouisse. Anastasius itaque papa talia monet: *Ammonente nos beatissimo apostolo, ne — — unitas ecclesiae dissipatur.*[b] Paret itaque quomodo quisquam, qui iam migrauit de saeculo, in iudicio non sit detentus humano: quod si nemo subiectorum exutus carne est iudicandus, quid de summo pontifice, qui nec uiuus reprehendendus erat, in pretioso iam somno mortis quiescens[c] a sepulcro euulsus et ana thematizandus est? Etenim Marcellinus licet demonibus turificasset, tamen a nemine iudicari fuit ausus, quia nefas est iudicari a quoquam sacerdos summus.[1] Scriptum enim est: *Non potest humano condemnari examine, quem deus suo reseruauit iudicio.*[2] Quae res adeo uiluit, ut non solum non diiudicentur, sed etiam acerba[d] et puplica seditione comprehendantur[3] et in reali carcere proscribantur, donec suptili com

---

(a) *Mansi* V, 1284, *Decret. Pseudois.* 620 aedificationem et quidem si dignitas sacerdotum communis. inter apostolos. propositum. oboedientiam ipse dependat et si non. aliis. magistri. qui dicit: qui maior. (b) *J.* 464 c. 2, *Mansi* VIII, 188, *Pseudois. p.* 655 in hoc deest. ad deum. nemo — moritur deest. sine — summus deest. a mortuis deest. autem quis es qui iudicas, aut quare — reddet deo deest. offendiculum fratribus uel scan dalum. beatus deest. praesumendo iudicium inferamus. de quibus. deus. in hoc si quispiam. usurpat. (c) quiescenti *B.* (d) acerua *B.*

(1) Cfr. Concil. Sinuessan. a. 303 (Mansi I, 1257): prima sedes non iudicabitur a quoquam.
(2) Isidori synonymor. l. II n. 86 (opp. ed. Arevalo VI, 519) cfr Pseudois. p. 98 c. 7, 126 c. 5, 163 c. 17. 193 c. 7, 474 c. 19.

(3) Inv. i. R. p. LXXI Anastasius papa ita monet — apparet ergo quod nemo, qui — iudicio det. sit hum. — et in praesidio iam mortis somno — anathematizari putatus est — licet diis — fuit iudicatus — summus pontifex — nemo enim potest (ut supra

mento factiosoque astu carnificinus eorum interitus machine-
tur, utrum elimi*nato exilio an concito exitio, quid super his (. ϑϛʹ
sit agendum determinetur. Quod nuper de Leone et Christo-
foro sacris apostolicis actum totus mundus contremuit: quando
simul tres luctabantur apostolici, quorum unus qui fortior re·
liquos duro domans ergastulo uitam eorum cruda maceratione
decoxit ac tandem miseratus diro martyrio finiri compulit et
ab imis medullis dolentes animas extorqueri fecit, quatenus
securus singularitatis uictor suorum hostium in apostolicali
cathedra sola maiestas adoraretur. O nouum et inauditum:
deus insequitur deum, angelus angelum, immutantur naturae,
ouis infestat ouem. O aurum, quomodo mutasti colorem tuum
optimum! sparsi sunt lapides sanctuarii in capite platearum,[1]
nimirum Balthasar potat in fialis aureis,[2] Hierusolymitana
caecitas transiit rediuiue in arces Romanas. Sed ne illis miseris, quos haec cenosa inficit prauitas, unde tandem fugien-
dum et amaro planctu medendum est piaculo.

C. XV Quod saepedictus Formosus dicatur non habuisse,
quod dare potuisset.

Notum est a Marino primum episcopo, dein summo pontifice, cuius ordinatio hactenus intacta habetur, fuisse absolu-
tum, receptum et in pristino honore reuocatum,[3] non scisma-
ticum neque hereticum eum umquam fuisse auditum, propter
quod non potuisset accipere, quod potuisset et dare.[4] Quod
autem fingitur uersutis[a] et factiosis neniis non ordinatum eum
fuisse ab episcopis, sed in commendatione pontificatum accepisse, refellit hoc ueritas. Alioquin notaretur ecclesia sexen-
nio fuisse uiduam, quod absurdissimum et mente captis est

(a) uersutus B.

scriptum est) humano — seruauit -
uoluit — iudicentur — comprachen-
dantur.
(1) Thren. 4. 1.
(2) Dan. 5, 3.
(3) Cf. Inf. et Def. c. 20. 32 p. 47, 51.
(4) Invect. i. R. p. LXXII: a Ma-

rino scil. prim. episcopo dehinc summo
papa et uniuersali pontifice, a quo
fuit absolutus et benigne receptus et
in pristinum honorem.. est reuocatus,
non schismaticus neque haereticus —
quomodo ergo dedit, quod non ac-
cepit?

dicere.[1] Quomodo ergo ad[a] imperiale decus Lautbertum et
Arnulfum tantae maiestatis homines nisi perfectus pontifex
l. 99 quiuisset prouchere,[2] sed hoc obloquentium *est commentum.
Caeterum si Formosus calumniatur, Iohannes reliquiue successores quare obliterantur? Quia, inquis, locum nostrum antici-
pauerunt et subripuerunt. Ergo et omnes successores non
similia[b] dicere possunt de praedecessoribus? Beatus enim
Clemens non indigne tulit de Lino nec quisquam eorum talia
dixit, sed magis inferiorem et indigniorem se suo praedecessore[c] usquam praeiudicauit. Unde omnimodis patet, quia
hoc nil aliud est, nisi gloriam propriam quaerere contra do-
minicum praeceptum, quod dicit:[3] *Ego non quaero gloriam
meam, est, qui quaerat et iudicet.* Frustra enim dei in fu-
turo gloriam accipere sperat, qui hic utcumque potest a se
sibi praesentem affectat.

C. XVI Quod ordinatio Formosi rata omnimodis sit.
Igitur quia non iusta reprehensio in conclusione ordinatorum
Formosianorum constat, etiam ut condescendamus delatorum
eius assertionibus et o non ad iudicium nostrum! dicamus:
Reuera templum dei praeiudicare in spiritum sanctum est
peccare. Quid, si fuit inuasor, ut dicitur, pecuniis ingressor,
malus in puplico, peior in priuato, pessimus in deum, numquid deterior Iuda? numquid execrabilior Acacio? Et quidem
iste nec proditor nec hereticus. Acacius enim dum fuisset
detestabilior detestabilissimis, ordinauit tamen stabilem ordinationem. Quocirca legantur super eo papae Anastasii decreta,[4] quod eos quos per damnationem suam baptizauit uel
ordinauit Acacius sacerdotes uel leuitas, illa portio lesionis
non attingat. *Nullum enim, quos sacrauit Acacius ulla eos ex*
l. 99' *nomine suo lesio attingit, quod*[d] -- — *diabolus ipse deiectus*

(a) ad *a me additum est.*   (b) simul a *B.*   (c) praedecessori *B.*   (d) sa-

(1) Ib.: quod absurdissimum atque
prophanissimum et mente re ipsa captis est dicere.
(2) Ib. p. LXX: imperatorem Lam-
bertum imperiali diademate redimiuit.
(3) Ioann. S. 50.
(4) J. 464 c. 7. Mansi VIII, 190.
Pseudois. p 656.

est. Ecce uides, qualiter sacrilegi, furis et proditoris et heretici sancta comprobetur baptizatio et ordinatio, dummodo summi pontificis orthodoxi et catholici conetur euacuari rata facta et complexa ratio, quod nullatenus credendum uel sequendum est.

C. XVII Quod licet fuisset malus, in nullo nocuisset ordinatio suis. Item ex decretis Anastasii papae.

Acacius igitur dum male bona ministrauit, sibi tantum — — Unde remotis hominum studiis siue uersutiis haec sola f.100 ueritas tenenda et seruanda est et nisi sola inuidia humana corda non inflasset, poterat tam clara auctoritas sufficere, ne tantum scandalum in ecclesia dei fuisset.

C. XVIII De moderanda ratione pro temporis qualitate.

A temperatis rectoribus plerumque culpa dissimulatur, ne, dum cum austeritate subditis imperatur, aut ad iracundiam prouocetur aut certe per exaggerationem frangatur, idcirco ratio est consideranda et persona intuenda, simul et tempora sunt perpendenda, ut apostolus ait:[1] *Redimentes tempus, quoniam dies mali sunt* et dominus per prophetam feriens:[2] *Per uos, inquam, nomen meum blasphematur in gentibus*, et in cuangelio:[3] *Cauete ab hominibus.* Hinc est quod papa Leo eis mâre episcopis consulit dicens: *Omnis ecclesiastica disciplina resoluitur* b — — *impune committi, sin alias non est consulere* f.100' *populis, sed nocere nec praestare regimen sed augere discrimen.* Unde datur intellegi, quia apud summum arbitrum ac-

cramenta minus. uideantur. baptismum. illa quae. excludit: hic est. sancto deest. fedissima. nulla ministerii. et fur. quicquid. declarante domino: scribae. uero faciunt. Quicquid. ab hominum prouectu quodlibet. pro officio credimus contineri implendo diuin. eff. hinc apostolus: neque qui. enim non. sed quem praedicet. ut. (a) *Ibid. p.* 191 c. 8 optinuit, optinentibus enim mysterii uirtutem suam aliis rea. enimuero ad. Dauit ait. confringet capita. superbia enim. ruinam. unde cum. uertice. ubi non. sola quae peccauerit: obnoxia unde. (b) *J.* 155, *Mansi* V, 1262 (*Pseudois. p.* 623) omnisque ordo. nullum antea per longae eruditionis ignem et per fornacem diuturni laboris subierunt. peruerso subito. non modo laicos. ac uiduarum. nonne exigunt. sed et in. ultione feriatur. sed cum ita sit circumstant. et quia uniuersae sedis apostolicae pietatem nostram ita temperare debemus sententia. quaedam sint toleranda quaedam punienda et id sane, quod utcumque patimur ueniale inultum post non erit. si demum usurpatum fuerit. retussio peccati. neque quod.

(1) Ephes. 5, 16.   (3) Matth. 10, 17.
(2) Isai. 52, 5.

ceptius fuisset Formosiana, ut dicitur, praesumptio sub silentio dissimulando corrigi, quam dirrupto uinculo caritatis totum mundo scandalum inferri.[1] Dicat etiam adhuc Innocentius papa, quod super hoc ei placeat. *Peruideat*, inquit, *dilectio uestra, fratres*[a] — — *sollicitudine percauendum* et quidem Christus traditorem suum tolerans usque ad finem ad euangelizandum cum caeteris misit.

f. 101   C. XVIIII Quod secundum consultum episcoporum proteletur quodcumque negotium.

Canonicum est, ut quicquid maioris negotii est, cum omnium consensu agatur pontificum, non aliquo dominationis fastu, sed humili et concordi amministratione, ut dominus ait:[2] *Non ueni ministrari, sed ministrare.* Quocirca decuerat uos, o primates, compescere primum tanti ambitus tantaeque seditionis Romanicos fastus, quos cotidie pia desudat ecclesia, ac inde quicquid generaliter fuerat necesse cohibendum uel resecandum uniuersali consultui fuisset attributum Uulgo igitur dicitur, stultum esse aliis uelle imperare, cum sibimet ipsi non possit frenum imponere. Quo itaque pacto alios uultis coercere, cum nulla sit uobis potestas[b] uosmet regere? Uos per ambitus et seditiones belligerando ad summam arcem contenditis subire[3] et sic pro libitu ecclesiam dei excommunicare, quis uobis ex hoc crediturus? Non plane est deus, sicut homo. Si enim angelis superiori naturae non pepercit, uerendum sit cuilibet homini inflare et ultra hominem se cogitare, ne forte dum plus quaerit esse, quam est, minus sit, quam est.[4] Semper enim forma beati Petri prae oculis de-

---

(a) *J.* 100, *Mansi* III, 1062. *Pseudois.* 551 c. 6 quia quod necessitate actum est, solére.
(b) potis *B.*

(1) Invect. i. R. p LXXII: unde — satius et aptius — disrupto — uniuerso mundo — inferre.
(2) Matth. 20. 28.
(3) Invect. i. R. p. LXXIV: nam uulgo dicitur — alios coercere — non ualeat — alios uis redarguere — cum tibi — temetipsum corrigere?

per ambitus enim — summum apicis culmen principes tui contendunt subire.
(4) Ib.: Quis enim ei ex hoc cred. erit? . . . non est enim deus — ang. extollentibus non pep., quanto magis hominibus est cauendum, ne extollantur . . . ne forte — uult esse quam sit — quam sit.

beret assistere, quatenus humana mens repressa modum suae fragilitatis uideret et uidendo paueret, ne de alto ad ruinam rueret. Non enim Petrus gloriam suam quaesiuit, sed pie et modeste uixit, qui insuper cum a iuniori condiscipulo reprehenderetur, non superbe tulit, quin potius benignus benigne suscepit et ueritatis humilitate se coercuit, unde sanctam uitam saeculis in exemplo dimisit, dum miti ductu sanctum cursum finiuit.

Caeterum *legatione pro Christo fungimur,*[1] ut apostolus f. 101ʳ monet, pacem petimus, unanimitatem quaerimus, sanari caput oramus et ne tam leuiter uniuersalis ecclesia in posterum scandalizetur, humili subiectione deposcimus[2] et quia uos ut Christi pastores, quod o utinam sit, super nos ueneramur, blande et tenere utpote oues a nobis depasci per Christum et in Christo precamur. Explicit.

EUGENII UULGARII EPISTOLAE ET CARMINA

A d S e r g i u m p a p a m e i u s d e m.   f. 110ʳ

Uidetur corporis huius scematis dispositio sacratione numeri[a] ita distributa, ut et apostolicae fidei norma[b] et proportio discriminalis non sit neglecta. Duodecies enim singula et sexies bina et quater terna et ter quaterna et bis sena duodecim faciunt.[c] Ubi dum unitas totius essentiae, quae constat in terna quaternitate et in quaterna trinitate, per geminam senariam et per binariam quantitatem senarii in duodenam determinatur[d] magnitudinem, liquet essentiam deitatis unam in tribus constare personis perque quattuor euangelio-

---

(a) muneri *B.*   (b) fide normam *B.*   (c) facuunt *B.*   d) determinans *B.*

(1) 2 Cor. 5, 20.
(2) Invect. i. R. 1. 1.: Caeterum quamuis indigne leg. et sacerdotio Christi fung , sicut docet ap., pac. deposcimus, unan. petimus, et te, o

Roma, quae es caput omnium nostrum sanari flagitamus et ne tam leuiter in postmodum scandalizeris, modis omnibus exoramus.

rum discurrereᵃ uolumina, senariaque conditione duplicata co-
tenus in duodena apostolorum extuberare lumina. Quod autem partes eius monas dias trias et tetras necnon et exas
insunt, omnia mystice trafusa secretorum arcana responsant,
quippe praesagio quodam XII· menses, signa et horae toti-
demque filii Iacob¹ et fontes² exploratores etiam˙missi³ ac
Iordanici lapides XII sublati,⁴ boues qui luterem ferrent⁵ et
portae Hierusalem totidem procul dubio apostolicus typificatus
est numerus. Caeterum examinata linearum superficieᵇ unusquisque uersus et si non ysosyllabus totidem tamen caracteri-
busᶜ supputatus eiusque a principioᵉ ad medium, quo a medio
in primum impertitae magnitudinis numerorum disponitur
tractus, porro principii medii finisque conexio hoc consona
uoce coniubilat:

f. 111   Aeternum salue praesul stans ordine Petri.

Ad eundem uersus.

Aureus ordo micans e Eli de numine fulgeT
Elichias uertex sac Rati spermatis omeN
Uirtutum paret colu Men, sacratio celebS
Auctor quippe boni e Laro mirabilis actU
5   Ecclesiam tali nuptu Pulcrescit, ut ubeR
Antistes sacris et r Ex inolesceret unuS
Uerbi uoce⁴ potitus o Liue crismate fusuS
Terrarum custos sol Amen preclue necnoN
Sanctus nam presulu Oto de iure precatuR
10   Delectae plebi trad It noctando iuuameX
Exemplum cunctisᶜ ut Plenus munere uitaE
Tollere contendit p Rimatum luminis cul

(a) discurrurere *B.*   (b) superficies *B.*   (c) pricipio *B.*   (d) minae. *B.*
(e) cunctus *B.*

(1) Genes. 35, 22.   (4) Ios 4, 8. 9.
(2) Exod 15. 27.   (5) 3 Reg. 7, 25. 44.
(3) Ios. 4. 2. 4.   (6) Id˜est XVII litteris.

Metrum pheregratium ad eundem.

Salue summus et unus,   Sergi, gloria mundi
Uertex et decus orbis,   Tu uictoria rerum,
Causarum reparator   Natorum populorum,
Uerus praesul in urbe   Fulges uestibus ecce:[1]
5 Lumbi stimulus auro   Nexus hiacinthus[a],
Stipans purpura iuxta   Coccus bis quoque tinctus,
Bissus tortus et idem   Circum punica mala.
Sic iam sic rationis   Cultum pectore portans
Sanctorum loca sancta   Ingressus sonat infra.
Quem nos rebus egeni,   Paupertate grauati
Nunc nostri memorare,   Te deposcimus ipsi.

Ad eundem metrum saphicum.

Tu decus magnum, metuenda uirtus
Fulminas mundum reserasque caelum
Liuidas[b] mentes medicans alyptes,
　　　Larga facultas.
5 Ecce non unum pateris secundum,
Non tibi compar sociale quiddam,
Quippe sed subsunt tremibunda cuncta,
　　　Sergie summe.
Conferens tecum decus *omne priscum   f.111ʳ
10 Pulcrior tantum tua forma lucet,
Delius[c] quanto nitet orbe pleno
　　　Foebus et ipse.
Hoc deus fecit, pietas magistra.
Occidat crebro furibundus ictu,
15 Ducat ad pacem grauitas nefandos
　　　Iurgia pulsa.
Iam silet murmur litui fragoris.
Alta pax urbi reuocata cantat
Psaltrias plectro feriente cordas

(a) *uersus corruptus.*   (b) libidas *B.*   (c) delior *B.*
(1) Cf. Exod. 39, S. 19. 22.

20   Alleluianum resonant et aulae
            Carmen ubique.
        Rupta iam dudum noua pompa morti
        Nullus ad manes properatur ordo,
        Unde sint laudes, honor ac potestas,
            Gloria Christo.

Ad eundem metrum parhemiacum.[1]

        Nunc gaudeat aurea Roma,
        Surgunt quia pergama fracta
        Et puplica res male lapsa
        Tandem rutilans rediniua
5   Florescit, ut imbre auerna
        Sub praesule denique tanto
        Delectat ut ardua cuncta
        Sint et celeberrima saecla,
        Subsidat et horrida noxa
10   Pellantur hebetata.[a]
        Fortuna quidem rotat alta,
        Uertit quoque fata priora,
        Quo prima fuêre quirina
        Ob hoc solio relocata.
15   Lauda, nitidissima Roma,
        Per quem tibi talia lata,
        Hinc eueheris ad astra.
        Sed iam ratione perita
        Dicat modulando Camêna,
20   Ut Sergius ordine papa
        Felicia tempora ducta
        Letetur in aeona longa!

Epistolae superscriptio
Lucida dum currеnt annosi sidera mundi

(a) *Duae syllabae desunt.*

(1) I. e. paroemiacum.

Candida, sancte, tui, Sergi, uenerabimur ora.

Epistola ad eundem.

Summo et uniuersali papae ac *uero apostolico domno^a f. 112
Sergio Uulgarius peccator uestrorum^b omnium seruorum ultimus seruus.

Sanctam uestrae diuinitatis epistolam etsi indignus accepi,
sed ea, ut par erat, bis terque adorans utpote caelo euecta
gaudio exhilaratus fui. Ubi dum communiones et proprietates
differentiarum diuisibilium et specificarum, generum et specierum perpenderem, defeci scire nequiuique penetrare, quomodo in eodem simile et dissimile coercitum coesisset ac non
modo suam speciem eadem species sed etiam omnis sui ge-
neris species simulque specierum genus supergressa fuisset.
Sed ubi deficit humanum, supplet diuinum. Uerum cum^c te
dominum, immo deum meque pulicem considerassem et sic
filium me appellasse legissem, expaui et contabui. Quippe
patris magnum est nomen nimiumque potens, nostros humi-
lius^d nomen affectus decet, seruum uel famulum uocare. Sed
quia neque potius seruum neque^e absolutionem et benedictionem,
quam tam^f care poposci, quia non promerui, indignum me
compensaui. Quod uero repromissam legi, recordatus fui,
quia *nescia* est *mens hominum fati sortisque futurae.*¹ O quam
miserum est nescire mori! Idem autem quod diuinitas uestra
mihi tam uili et squalenti salutem mandare bonaque promittere
dignata est, pauet animus horridus, quassat artus tremor ac,
ut liceat impune loqui, metuo deos nimium fauentes.^g Est
enim regis alti spiritum regi dare simul et negare. Rotat
igitur omne fatum: nemo tam diuos habuit fauentes, crasti-
num ut sibi posset polliceri. Rex deus nostras celeri citatas
turbine uersat. Proprium quidem hoc miseros sequitur, numquam rebus credere letis; licet redeat felix fortuna, tamen

(a) dom *B.*   (b) uestro *B.*   (c) cum *a me additum est.*   (d) humilium *B.*
(e) deque *B.*   (f) quantam *B.*   (g) labentes *B.*

(1) Verg. Aen. X. 501.

dubios gaudêre piget. Et quidem peior est' bello timor ipse
f. 112' belli. Certe maiora ueris *monstra uix capiunt fidem. Non
est, inquam, ad caelum mollis e terra uia: fata enim, si miseros iuuant,ᵇ ferunt salutem, si negant, sepulcrum. O quanti
casus humana rotant, langueseit mundus, labor undique durus
uenit, imperii sitis, uenenum in auro bibitur, nulla umquam
lux secura fulget; finis alterius mali gradus est futuri ac sic
inter ruinas orbis et semper nouas factum est caelum nocens.
Ob id pectora tantis obsessa malis non sunt ictu ferenda leui.
Uno planctu tria regna sonant, lacrimis lacrimas miscere iu-
uat, noua enim suspiria causa ministrat. Implere enim lacrimis fletus erumnamᶜ est leuare. Periêre namque mores, ius,
decus, pietas, fides; periêre cuncta, occidit regni status, creuit
ingenium malis, nullamᵈ posteritas inueniet fraudis. Quocirca, pro dolor, cuncta expauesco meque non credo mihi et
quod nolo nolo quodque nunc nolo, id est quod uolo. Detur
idcirco, postulo, quieti tempus, ut somno graui uis uicta morbi
pectus oppressum leuet. Animam enim senilem mollis exsol-
uit labor, tenuis etiam anima uinculo mihi pendet leui, unde
iners iam senectus adiuuat baculo gradum. Uirginibus itaque
pudor, consulibus eloquentia, magistris grauitas, omnibus
honoribus sufficit proprium: sufficiat et mihi exotico mea exi-
guitas. Ecce enim angulus meus mihi placet paupertinusque
recessus. Quies namque miserias lenit, pectora quoque pau-
per secura gerit. Nouit igitur paucos secura quies: alium
multis gloria terris garrula laudet, alius curru sublimis eat,
me mea tellus lare secreto tutoque tegat. Liceat itaque, oro,
in media mihi liceat latêre turba, palatinum cultum meus re-
f. 113 fugit squalor et dum, inquam, simᵉ fedus, *turpis, hebes,
ignobilis, tardus et improuidus, non me talem curia requirit.
Romana enim spectacula non talia poscunt. O dulce pignus,
hominum deus, patriae decus: te uiuente Roma beata, te

(a) peiorem *B.*   (b) iubant *B.*   (c) erumna *B.*   (d) *uerbum deesse uide-*
tur.   (e) in quasi *B.*

obeunte uersa fortuna quae" sit nescitur futura. Quocirca unum
tantum restat, o bone, ne amodo deneges petenti mihi et que-
renti absolutionem et benedictionem. Hoc nimirum unum est,
quod precor solumque, quod mihi aeque earum est ut uita
cariusque patria. Unde per hanc fidem, qua deum in te
adoro quaue uicarium sancti Petri te credo, oro, si qua pietas
mollescere potest, ut absolutionem et benedictionem licentiam-
que" abitandiᶜ cellulam meam mihi tua ne deneget diua potestas, qualiter letus et liber in sacculum uadens longum tibi
in terris aeternumque in caelis regnare dictu felici perorem.

Eiusdem ad Uitalem episcopum.

Episcoporum uenerantissimo summaeque sedis apocrisiario ac senatori primo Uitali episcopo ac omnium nostrorum
magistro Uulgarius peccator fidele uotum.

Sacram uestram reuerentiam nos humiles quaesumus, quatenus bonus, ut semper, erga nos existatis et beniuolentiam
uestrae dulcedinis, quam puram indesinenter et sinceram iam
olim concessistis, nullatenus a nobis subtrahatis: et quidem de
fideli lucrum est fideliorem facere. Igitur domnus papa paruitatem nostram iubet ad sê *ire, unde pedes uestros osculans in deum f. 113
et propter deum quaero consilium, quoniam quidem, ut pudet
fateri, pauco. Nescio quod mihi, nescio quod animus grande
praesagit piaculum. Obscura loquor nostrae uerba fortunae.
Non enim ingruit temporalis necessitas deo praesule, quin
non sufficiant nobis nostra: non enim est opus nobis Romamᵈ
ire, inuidias nonnullorum pati, quae nonnumquam nusquam
desunt, praesertiᵱ cum ipsa morte peior sit mortis locus.
Inuidia quippe et luis labes non seruant modum nec tempe-
rari facile nec reprimi stricti ensis ira potest. Quocirca oro,
precor nimis nimisque precor, compescite iussionis imperium
et quia iam senemᵉ et effêtis uiribus non me spectacula uix
anhelantem poscunt, mercear excusatus emeritus fieri et abso-

lutione et benedictione eius potiri, te interueniente teque
faciente. Caeterum uestram dignitatem seruus exopto, ut finem
huiusce negotii sacris uestris dignemini litteris remandare.
Commendamus nos uobis: sic ergo statuite, quicquid statueri-
tis ut causam uestram.

Ad eundem uersus.

Inter pontifices praesentis tramitis acui
Lucifer ut terris alter splendesceis honore.
Tu praesul magnus summum decus esque tuorum.
Egregium columen, patriae mirabile lumen,
Acceptus mundo, meritis acceptior astro,
Praeclarus natu, multo praeclarior actu.
Mittimus unde tibi laudes et signa dolentis.
Uelle ualêre tuum nomen per tempora ductum
Atque animae semper pollens cum corpore sospes
10 Optineas, cupimus, longos feliciter annos
Uitalis uiuens uitali uiuere uita.

Eiusdem ad Theodoram......ᵃ

Sanctissimae et deo amatae uenerabili matronae Theo-
dorae Uulgarius peccator uitam in Christo.

Odor uestraeᵇ religionis circumquaque redolens; Christi
bono odore¹ flagraris ubique, dum sacra uestra religio spar-
f. 111 sim oblec*tatur in mundo. Relatu enim plurimorum uitam
sanctam uestram et conuersationem audiuimus et, quia deus
uos ad exemplum uirorum praesenti tempore lucernam ful-
gentem posuit, spiritali gaudio congratulamur. Et quidem
amplectimur in uos, quod deesse permaxime cernimus in uiros,
scilicet sanctum conubium, torum immaculatum, hospitalitates,
aelemosinas, excubias sanctorum indesinentes, diuina etiam
eloquia, quae sedula perrimas. Dum igitur diuinitus praesa-
giatum sit, ut Theodora, id est dei donum, nuncuparêris, par

(a) Duo circiter uerba erasa sunt.   (b) uester (ur et B.

il) 2 Cor. 2, 15.

nimirum erat, ut translationem tui nominis imitareris: ut, quae a deo mundo data fueras, uersa uice temetipsam mactando deo redderes. Aequum est enim, ut perpendis, quia *fallax est gratia et uana pulcritudo*. *Mulier timens deum ipsa sola laudatur*[1] *et ridebit in die nouissima*.[2] Age ergo, Christi famula, defende honorem tuum, perduc ad finem, quod inchoasti. Ueniat in mente, quia deus per feminam uenit et illuxit mundo resurgensque a mortuis prius feminae quam uiro apparuit. Honora eum de te, qui honorauit te de se. Habes itaque uirum multo plus fortiorem et potentiorem isto senatore: iste etsi est dominus unius urbis, sed ille totius orbis. Si percontaris, quo ierit: *abiit uiam longinquam*,[3] *sacculum pecuniae sibi tulit, in die plenae lunae reuersurus est in domum suam*. Beati, qui parati sunt occurrere illi! Memento igitur, quia decem leguntur uirgines,[4] quarum quinque fatuae et quinque prudentes: fatuae uidelicet in hoc, quia, si quid boni egerunt, per inanem fauorem [a] amiserunt. Placeat igitur, placeat tibi, ut, dum es nobilis carne, nobilior fias mente, quatenus commoto omni elemento, etiam dum angeli et archangelorum uirtutes contremescent, merearis audire:[5] *euge*, Theodora, *optimam partem * elegisti, intra in gaudium domini tui.* f. 11ᵛ Igitur commendamus nos, o domna Theodora, commendamus nostram paruitatem uestrae sublimitati et quia in praesenti carne corruptibili non nos uidebimus, in illa incorruptibili in Christo Ihesu ualeamus. Pax et caritas domini Ihesu Christi sit nobis.

Eiusdem ad Benedictum monachum.

Dic, rogo, cur pullo deludis corda cucullo?

Ostendis celebrem uano sub germine mentem.

Cur tibi sunt mores alii nomenque reluctans,

Fare sophus, ueheris qui forte nouellus Athenis?

(a) faborem *B*.

(1) Prov. 31, 30.
(2) Prov. 31, 25.
(3) Prov. 7, 19. 20.

(4) Matth. 25, 1. 2.
(5) Matth. 25. 21. 23.

10*

5 Dum iactes tete doctum, cur puplice pergis
   Esque tuum cor communi fruerisque lauacro?
   Sed scio, Plautinae iam surrexêre phalanges
   Carpendo tandem promptae[a] reprehendere summos.
   At quia merso sole chaos densatur et horrens,
10 Cattus[b] dum ructus refluit de sorice grandi,
   Relliquias mensae musca deroserat audax,
   Praecipitem hinc cattus mensam libamine plenam
   Calce ferit madidus probroque sepultus[c]
   Hoc quoniam gallum miluum rapuisse dolebat.[1]

   Metrum iambicum tetrametrum
   ad Petrum Salernae urbis episcopum.

   Laudis tuae potentiam,
   Rerum bonarum gloriam
   Audiuimus dignissimam.
   Nobillimus tu germine
   Parens modestus pectore.
   Uitam ligans sanctissime
   Arcis subisti culmine
   Florente nunc te denique.
   Nostro bearis[d] carmine:
   Uiuas ualens sic tempore.
   Aeternus ut sis aethere.
             Boetii.
   Qui sê uolet esse potentem − − potentia non est.[e]
   Hos etenim uersus Uulgarius Athanasio tertio sedis Neapoli-
   tanae episcopo direxit.

   (a) prompte B.   (b) Cautus B.   (c) uersus mendosus, ut scriptor cruce
   margini apposita iam significauit.   (d) beatis B.   (e) Hos decem uersus
   inuenies apud Boethium de consol. philos. l. III c. 5.
   (1) Cfr. f. 7', ubi haec leguntur: Eugenii
      Iis dictis gallum miluum rapuisse ferebant
      cornice sub quercu gesticulante diu.
      cattus enim ructus refluens de sorice pingui
      relliquias musca roserat ardalia.
   (5) praecipitem at cattus mensam libamine plenam
      calce ferit tumida. sternit ad hima sacra.

E u g e n i i U u l g a r i i   c r u x.

Vexillum gestans aR   X in quo permanet anaX

(vertical, top to bottom: Congreditur mundo C … Vrsu mirabile factoR)

Ad eundem (Leonem)

Metrum anapesticum isosyllabum.

Hominum caput, inclyte caesar,
Species superans genus omne,
Nitidissimus unus in arce,
Cui fit decus imperiale.

5   Ratio petit ordoque poscit,
Merito tibi promere laudes,
Tua carmina uoce perita
Modulando sonare choraulas.

Etenim pius atque benignus

10   Premis effera colla superbum
Animos releuasque proborum
Moderaris et undique mundum.

Memor unde mei, rogo, diue,
Equidem famulor tibi sponte,

15   Grauat horrida rebus egestas:
Miseresce beata potestas.

Metrum asclepiadeum ad eundem.

Salue magne Leo, summa potentia
Romanumque decus, clara prosapia,
Salue nate deum, caesar in aeona,
Antiquum columen numen et aureum.
5 Felix imperium, quod metuas nihil.
Quod deficit, cupias: hoc etiam nihil;
Solus diuinitus cerneris unicus,
Dum nec dissimilis nec similisque fis.
O sceptrum Thracium missile fulmine,
10 Quod bellans Asiam ferrea pectora
Europam domuit, strauit et Africam,
Totam barbaricam subdidit orbitam.
Laudes unde tibi canto, piissime,
Cordarumque sonis asclepiadeis
15 Te rerum dominum caelitus intonans
Aeterno rutilo uiuere concino.

Metrum adonium ad eundem.

Dicite gentes	undique laudes
Lingua perita	carmine docta,
Musicus ordo	coetus et omnis,
Orpheus ipse	organa quassans,
5 Linus ydraulas,	molliter implens
Alta refractim	omnia dicant,
Ut Leo caesar	magnus et unus
Sede coruscus,	diuus honoris,
Numine felix	uiuat in annos.

Ad Atenolfum principem Beneuentanae urbis.

l. 5 *Quidam interrogat* „Dic, Capuane, mihi, quali sub principe sistis."

Alter respondet „Tu prius ede, rogo, quis sis, qui talia queris."

Alter „Sum prorsus ratione uigens numerumque recensens."

Alter „Angelus atque deus pariterque homo dicitur istud:
5 Impar et ambiguus finis necnon minus aequus."

Innectio „Non igitur quodcumque subest, generi simile id fit.
Finis ob hoc dubius, quoniam discretio nulla."

Laus „Attamen est princeps Atenolfus ad astra refusus,
Sollemnis princeps sollemni nomine fulgens
10 Praesago quodam fausto diuinitus acto,
Ut corpus uirtus, nomen quoque uis animaret.
Ecce etenim ternis^a Atenolfus terque figuris
Nomine dum constet, fiat si forte reflexim
Octaua et prima ac sexta et terna atque secunda
15 Ebdad^b et^c quinta nec non quarta atque suprema,
Auditur uerbis aequis legiturque ualet fons.
'Hinc iterum octaua et prima ac sexta atque tricade
Postque secunda conexa ad quintam tramite recto,
Auditur uerbis aequis legiturque: ualeto.
20 Ecce ualeto suis dicit, qui sorte ualet fons,
Fons Atenolfus enim est magnus dulcissimus amnis,
Quo terris haustu non ullus dulcior alter."

Ad Iohannem leuitam.

Inter sacratos caelesti iure ierarchos
Ordine conspicuo rutilas, leuita Iohannes.
Hausisti factum geminans de nomine factum
Alto praesagio scitus, quis sorte futurus.
5 Nus etenim nictans pollet tibi mentis in arce,
Nomen principium resonet charismatis utrum
Eloim ueretur positum spectabile doctum,
Salue quocirca felix, mi gnosie, perpes.¹

(a) ternis a me additum est.   (b) i. e. septima.   (c) est B.

(1) Sequitur hoc carmen: Digestio sermonum. Iera diuinum, inde ierarchia sacer principatus uel diuinus, uel hierax dicitur sacer. Hausisti: haus graece profundum, hinc hausit et est poliphemus sermo modo accipit, modo uidit, modo audiuit, plura significat. Nus dicitur superficies mentis. Nictans uel uigilans, pollet uel crescet. Gnosie: gnosius Graecus sermo est et nullo modo exprimi Latine potest iuxta litteram, significat quoque plus quam dilectum et germanissimum et cetera.

Ad Gregorium consulem.
ORamus, deus, imperium cui est animarum,
GIgnendo causas nutris, disponis et ornas
GERmine uinifico, consul tibi uiuat ut iste
USque tui iunctus laudet per secula secli.[1]

f. 1ᵛ   Ad Gregorium magistrum militum.
Omnipotens rerum factor bonitatis et auctor,
Gregorii uitam, petimus, quo consulis amples,
Illustres, purges, pietate fouendo reformes,
Quatinus exemptus maculis post uincula carnis
5 Coniunctus superis reddat tibi debita laudis ·
Praesta, summe deus, qui uiuis in omnia saecla.

f. 13   Roma caput mundi, rerum suprema potestas
Terrarum terror, fulmen quod fulminat orbem,
Regnorum cultus, bellorum uiuida uirtus,[2]
Immortale decus solum, haec urbs super omnes.
5 Sergius, ecce, polos magnus quiᵃ uertice pulsat,
Dignus apostolicus diuino munere lectus,
Mistice qui factus conformis imagine diuum
Aurea priscorum reparat nunc secla uirorum,
Scipiadesᵇ claros, Fabios gentemque togatam,
10 Fascesᶜ, curules, anulos ac paludamenta,
Palmatas tunicas, trabeam falerasque nitentes
Imperium renouat heroum numenque priorum.
Quocirca tantus uiuat per secula praesul
Pontificum primas, antistes summus et unus,
15 Assiduis precibus dominus poscatur ab alto.

(a) cui B.   (b) Scipidaes B.   (c) Fasces et B.

(1) Sequitur: Interpretatio sermonum. Orgia dicuntur omnia sacra,
hinc orgigerus hoc est omnia sacra
gerens, quod enim Latini ceremoniam,
Greci orgiam dicunt.
(2) Cfr. Verg. Aen. XI, 386.

Species comicae. Anacreunticum colophon.[1]

f. 8

Anacreunti carmine telam libet contexere,
Pedem pedi lentiscere et tramitem transducere.
Sunt saecla praeclarissima, sunt prata uernantissima.
Formosa gaudent omnia, sunt grata nostri moenia.
5 Laetentur ergo somata[b] et rideant praecordia,
Amor petens finitima, sint cuncta uitulantia.[c]
Phoebus rotat per tempora torquens polorum lumina.
Somnum* susurrant flumina, aues canunt et dulcia.

f. 8'

Turtur prior dans oscina, rauce sonat post ardea,
10 Sistema miscens merula, olor implet croemata.
Myrto sedens lusciola: „Uos cara, dicens, pignora,
Audite matris famina, dum lustrat aether sidera,
Cantans mei similia canora prolis germina
Cantu deo dignissima tractim refrange guttura.
15 Tu namque plebs laetissima, tantum dei tu psaltria,
Diuina cantans cantica per blanda cordis uiscera.
Materna iam nunc formula, ut rostra uincas plumea,
Futura uocis organa contempera citissima."
Haec dixit et mox iubila sequitur suptilissima,
20 Melum fit uoce uindula soporans mentis intima.
Densantur hinc spectacula, accurrit omnis bestia,
Leena, linx et dammula, caudata stans uulpecula.
Pisces relinquunt aequora et uada sunt retrograda,
Pulsando Codrus ilia[2] praegnans[d] adest inuidia.
25 Auro sedet rex aquila, circum cohors per agmina,
Gemmata pauo tergora, cornix subest et garrula.
Coruina quin centuria, ardet phalanx[e] et miluea
De marte tractant omina, uincatur ut lusciola.
Palumbes at iuuencula praesumit e uictoria,

(a) *Ad marginem leguntur haec:* Hoc metrum recipit primo loco anapestum, dein duos iambos et semipedem. Anapestus constat ex duabus breuibus et longa. (b) *Gl. marg.* Soma corpus est, ab eo asomatum (incor)poreu(m). (c) *Gl.* gaudentia. (d) praegnas *B.* (e) phalanx *B.*

(1) I. e. colobon, mutilum. (2) Verg. Ecl. VII, 26.

30 Gallus[a] * prior cum merula disrumpta plangunt ilia.
Cicadis inflans iecora campo crepat misellula, ‾
Palmam tenet lusciola uersus trahens per sibila.
Turbata gens tum rostrea, exsanguis hinc et aquila
Frigescit in praecordia uirtusque cedit ossea.
35 Praeco fugae fit ulula urgens gradi per abdita
Pudorem, mens ne conscia poenas luat per secula.
Tunc uersa castra plumea,[b] sparsim legunt aumatia
Aureque fissa flamina, petuntur tecta siluea.

Saphicum adonium.

Accidit ut, dum haec gererentur,
Orbita lustri et theatralis
Circulus orbis curreret annus,
Pergitur illo gente refusa
5 Peruia trita undique calle
Puluerulenta plasmata laeta
Uentus et aura cantilenosa,
Claraque celsa stant famulanda
Debita iuxta sorte parentis
10 Quisque facescens quid famulari,
Unde ministrat martius iras,
Zephirus herbas, fulminat Auster,
Hirtus ericius[c] pungit et artus
Intrat abyssus sordida purgans
15 Pocula praestans umbrifer atque
Fumat et ortus, sibilat ydra,
Ulula plangit, arguta uulpes
Improbe gannit, rudit asellus,
Garrit agrinus bosque remugit
20 Omne per omnes stat genuinum
It fragor astris, pertonat aula,
Gaudia festae uaste[d] resultant.
Tum lupus agnum laetus honoris

(a) galus *B.*   (b) plimea *B.*   (c) erinis *B.*   (d) uastae *B.*

Portat in ulnis, mella dat ursus,
25 Oscina capus, uina falernus,
Siluius aprum, aquila caprum,
Holera tusa galbana fracta
Atque sub ora aurea cena
Karolus altus ut leo frendens
30 Grandia colla sub pede calcans
Franco superbus ense coruscus
Aestuat armis spicula limans
Proelia clamans.
His quoque gestis Seneca signat.
35 Cantat Apollo, saltat iena,[a]
Cato fabellas mente serena
Dictat et ornat, Cicero magnus
Organa quassans haec rhetorizat.

l. 10

Metrum parhemiacum tragicum.

O tristia saecla priora,
Quae uos docuêre sepulcra
Animisque parando nociua,
Belli fabricare pericla!
5 Heu quis prior ille piator,
Qui cusor in arte fabrina
Uariauit in igne figuras
Cudens gladii male formas.
Quis denique martia primus
10 Arcus uolucresque sagittas
Igniuit et edidit iras
Morte stabiliuit amaras.
Qui spicula cudit[b] in usus,
Conflauit in incude funus
15 Tamne tenuauit et ictus,

(a) hyaena?   (b) contudit *B*.

Uentris uacuaret ut haustus.
Docuit quoque cuspide mortem,
Qui duxit in ordine martem,
Amiserat et quia mentem
20 Umbrae tenuêre tumentem.

In laudem filii dei.

Laudes pange deo, redempta lingua,
Quoᵃ coram seraphim tremunt beatiᵇ
Laudantes Sabaoth deum tonantem.
Lauda glorificans patrem potentem
5 Et Christum genitum polos regentem
Cum sancto iuge spiritu manentem.
Hic prorsus deus omnium patrator,
Hic sanctus dominus patrum sacrator,
Qui custos animae est beatus auctor,
10 Hic solus bonus aequus et benignus
Clemens ac pius arbiter supernus,
Mentis principium, refusa uirtus.
Infectum hominem dolens ab angue
Me seruum male perderet subactum
15 Campum congreditur potens in armis
Senis pugnat homo deusque lustris.
Miratur legio chorusque celebs
Pro seruo dominum pati stupentes.
At hostem superans ligansque uerbo
20 Uictor celsa redit sedens in astra
Regum subsidium satorque regum,
Cui semper decus et honor sit per omnis
Uirtus imperium salus perennis
Sit perpes iubilum manens per euum.

(a) Qui *B.*   (b) beata *B.*

Sententiae primae synodus domni Iohannis octaui papae
contra Formosianos, simoniacos,[a] moechos, proditores,[b] sacrilegos.

Formosum Portuensem episcopum, qui a beatae memoriae domno praecessore[c] nostro papa Nicolao in Bulgarum[d]
patriam destinatus nouiter in Christo regenerati regis animos
suis[e] calliditatibus uitiauit, ut terribilibus sacramentis eum
sibi obstrinxisse testatus est,[f] ne se uiuo quemlibet episcopum a sede apostolica susciperet[g] seque eidem terribilibus
nihilhominus iuramentis, ut ad eum quantotius[h] reuerti de-
buisset, obstrictum fuisse professus est[i] quique a nobis pro-
ficiscendi illuc licentiam litteras et necessaria adiutoria im-
petrauit, quoniam iam dudum per ambitionem a minori ecclesia in maiorem, uidelicet sanctam sedem apostolicam prosi-
lire conatus plurimos sibi coniuratos efficit[k] et nunc per ex-
pertam[l] hypochrisin retrorsum rediens sine licentia uel conscientia nostra propriam parroechiam deseruit, urbe discessit
et contra salutem rei publicae[m] cum suis fautoribus conspi-
rauit, nisi amodo intra diem decimum id est III[n] Kal. Mai.
praesentis nonae indictionis praesentiam suam nobis satisfa-
tiendo[o] monstrauerit, auctoritate dei omnipotentis sanctorum-
que apostolorum principum Petri et Pauli omni ecclesiastica
communione priuatum esse decernimus. Decernitis et uos
ita? Responderunt omnes episcopi:[p] Decernimus. Et nisi post

(a) simachos *Cod.* (b) proditore *C.* (c) praedecessore *Mansi.* (d) bulgarorum *M.* (e) adeo suis *M.* (f) sit *M.* (g) suscepisset *M.* (h) quam-
totius *C.* (i) sit *M.* (k) consolatores effecit *M.* (l) repertam *M.* (m) di-
lectique filii nostri Caroli a nobis electi et ordinati principis *M.* (n) in *C*
(o) satisfatiendum *C.* (p) episcopi *dcest in cod.*

JE ante 3041. 19 Am. 876

duos menses^a praesentis nonae indictionis resipiscens satis-
facturus nobis aduenerit,^b auctoritate et iuditio sancti spiritus, qui semper effugiet malitiae^c fictum¹ omni sacerdotali
ministerio penitus denudatum fore iudicamus. Iudicatis et
nos ita? Responderunt omnes: Iudicamus. Qui si^d nec huius
dilationis miseratione commotus humiliter se post predictas
indutias^e praesentiae nostrae reddiderit uel si uiris potentio-
ribus sotiatus seditiones uel factiones concitauerit^f uel si ec-
clesiam^g dei in aliquo conturbare praesumpserit, si contra
hanc communem^h omnium nostrum sententiamⁱ agere uel re-
sultare temptauerit, anathema sit a patre et filio et spiritu
sancto nunquamque in nulla^k synodo recuperationis spem
aut satisfactionis aditum sibi nouerit reseruatum. Responderunt omnes: Anathema sit. Prolata ore apostolico in basilica sanctae dei genitricis Mariae, que uocatur ad martyres
III decimo Kal. Mai. et subscripserunt omnes episcopi, presbiteri et diaconi.^l

Sententiae secundae synodus; fides pontificis contra Formosianos, simoniacos, moechos atque sacrilegos domni Iohannis prolata in ecclesia beatorum apostolorum principis Petri
II Kal. Iulii indictione VIIII.

Formosum, qui prius immo uocatus est dudum, episcopum Portuensem iam nuper multis quidem in priori synodo
nominatis excessibus sed praecipue^m quia cum factiosis et
conspiratoribus, id est Gregorio, Stephano, Georgio et Sergio
sotiatus acclesiam suam inter Sarracenorum gladios undique
constitutam per X ebdomadas deseruit et inconsulta seu con-
tempta sede apostolica, cuius saltem iura metropolitani minime uiolare debuerat, ad alias regiones profectus est, dudum

---

(a) post diem XV. i. e. IV Non. Maii M.   (b) occurrerit M.   (c) maluiae
deest apud Mansium.   (d) sic C.   (e) post diem XX. i. e. VII Id. eiusdem Maii
mensis M.   (f) uel si — concitauerit *deest ap. Mans.*   (g) in ecclesia M.
(h) communuonem C.   (i) sententia C.   (k) ulla M   (l) responderunt —
diaconi *deest ap Mansium.*   (m) praecipue C.

(1) Sap. 1, 5.

canone deposuimus, nunc uero quia repperimus eum uenera-
bilia monasteria sanctae huius aecclesiae, quibus praefuit,
sacrilege depredasse et expoliasse contraque interdictum nostrum sacris misteriis communicasse et missarum sollemnia
non solum peruicaciter ᵃ celebrasse, uerum etiam sententias ᵇ
sedis apostolicae in se et ᶜ complices suos prolatas scindere
faciens suspectis mulieribus, cum quibus turpiter fugerat ui-
risque sacrilegis, suis dumtaxat complicibus, adhesisse et cum
eis ad exterminium sanctae sedis apostolicae desperabiliter
coniurasse, auctoritate sancti spiritus iterato ab omni ordine
sacerdotali deponimus, ita ut si amodo et deinceps ausus
fuerit quicquam de ministerio sacro contingere iuxta prece-
dentem consuetudinem aut suspectis mulieribus aliisque suis
complicibus, cum quibus nullo persequente fugit, ulterius ad-
herere nichilominus iterato anathemate se perculsum cum
omnibus colloquentibus, facientibus et accommunicantibus sibi
cognoscat numquamque in nulla synodo recuperationis spem
aut satisfactionis locum sibi nouerit reseruari manentibus in
eum˙ dudum a nobis prolatis sententiis. Responderunt omnes:
Fiat fiat fiat et subscripserunt Romanorum episcopi numero
XXVIIII cum consedentibus Italicis episcopis et presbiteri
IIII et totidem diacones.

Explanatio synodus domni Iohannis papae in Frantia
apud Trecas ciuitatem habite mense Septembrio indictione
XI, die XIIII, exaltatione sancte crucis in presentia domni et
gloriosi regis Francorum Hlodouici contra Formosianos, symoniacos, moechos atque sacrilegos.

Post habitam synodum sanctae Romae a domno Iohanne
papa contra Formosianos, symoniacos, moechos atque sacrilegos et iuste ore ipsius apostolici in Formosum Portuensem
episcopum prolata sententia atque penitus ab omni ministerio sacerdotali pro innumeris excessibus abdicato et anathematis uinculis innodato, cum isdem domnus Iohannes ponti-

(a) peruicaliter C. (b) sententia C. (c) et deest in codice.

JE post 3:8\/a 14. Sepc. 878.

fex pro pace sanctae dei aecclesiae obtinenda et stabilienda
iter agressus marinum Galliarum degeret partibus apud serenissimum[a] Hlodoicum, Francorum regem piissimum gloriosis-
simi Karoli iunioris imperatoris filium, iamdictum Formosum
pro innumeris damnatum excessibus maximeque quia sancta
uocante synodo uenire contempsit atque iam per triennium
propriam derelinquens aecclesiam huc illueque uagans apud
Hugonem uenerabilem abbatem latentem repperit, idem summus pontifex praefatum regem monuit et instruxit, ut aeccle-
siastica statuta immutilata seruaret. Quod fauente deo piis-
simus iam predictus rex id se facturum spospondit atque intra Trecas connocata synodo mense Septembri indictione XI
et illic episcopis[b] numero XL cum magnatibus et sublimibus
eiusdem regis potentissimis uiris connocatis statuta iam dicta
contra eundem Formosum synodi replicauit similique modo
anathematis uinculo eundem Formosum damnantes cum archiepiscopis et episcopis Galliae, ut olim Rome statutum fuerat, iterum firmare studuerunt et subscriptione pariter et consensu adnectentes roborauerunt.

Domnus Hlodoicus rex Francorum ss. Hincmarinus Re-
mensis archiepiscopus ss. Aurelianus Lucdunensis archiepiscopus ss. Ansigisus Senonum[c] archiepiscopus ss. Theode-
ricus Uizonensis[d] archiepiscopus ss. Iohannes Rotomagensis
archiepiscopus ss. Bennomus Uiennensis archiepiscopus ss.
Rotstangus Arelatensis[e] archiepiscopus ss. Frotarius Bituri-
censis archiepiscopus ss. Tetramnus Tarantasinus[f] archiepiscopus ss. Heldebodus Parisiorum[g] episcopus ss. Berno
Catalaunensis episcopus ss. Aimo Carnotensis episcopus ss.
Bodo Trecassinus episcopus ss. Adelgarius Eudensis episcopus ss. Gerboldus Cauillonensis episcopus ss. Bernerius
Maticensis episcopus ss. Emino Neuernensis episcopus ss.
Aglemarus Clarimontis[h] epi opus ss. Adalbodus Belgensis

(a) serenissimum C.   (b) archiepiscopis C.   (c) senenum C.   (d) mi-
zonensis C.   (e) aralatensis C.   (f) taramasinus C.   (g) parasiorum C.
(h) larimontis C.

episcopus ss. Walterius Aurilianensis episcopus ss. Euerardus Turonensis[a] episcopus ss. Atfredus Pictauensis episcopus ss. Ragimfredus Burdelensis episcopus ss. Isaac Lemouicensis episcopus ss. Arnaldus Andegauensis episcopus ss. Herpoin Siluanectensis episcopus subs. Honoratus Beluacensis episcopus ss. Dido Lueduni Clauati[b] episcopus ss. Hildeboldus Suessionum episcopus ss. Gaido[c] Lingonensis episcopus ss. Regemfredus Meldensis episcopus ss. Arnaldus Tullonensis[d] episcopus ss. Atto Uerdunensis episcopus ss. Hyeronimus Losanensis episcopus ss. Bernardus Ianuensis episcopus ss. Manno Sedunensis[e] episcopus subscripsit.

Mense Februario[f] indictione XI die XIV exaltatione sanctae crucis in die dominica in Trecas Galliarum urbe idem Formosus iam depositus et, ut supra legitur, anathematizatus libellum manu propria scripsit et sacramenta prebuit super sancta Christi IIII euangelia et crucem domini ligno ac sanctis sandaliis Christi et beatorum apostolorum reliquiis et iurauit manu propria nec orationis causa aliquando Romam uenire nec aliquo modo sacrum ordinem repetere neque in iudicio potentum recuperationis locum orare sed tantummodo laicam communionem receptam finetenus custodire promisit.

(a) turiinensis C.   (b) clauiti C.   (c) corr. Geilo.   (d) tollonensis C.
(e) sudunensis C.   (f) corr. Septembri.

Berichtigung.

S. 40 Anm. 1 Z. 7 verb. Uulgarius für Ulgarius.
„ 44 Z. 25 v. unten verb. Aen. XI für Aen. IX.
„ 52 „ 22 v. oben verb. das fragende statt des fragenden.
„ 61 „ 19 v. oben verb. am Rande 16' statt 16.

INHALT